world of environmental design

world of environmental design

Urban Spaces II (Urban Parks)

Author	Franciso Asensio Cerver
Publishing Director	Paco Asensio
Consultant	Bet Figueras, María Jover
Text	José María Pérez Martell, Manuel Pijoan Rotgé, José Serra, Fernando Vegas
Proofreading	Carola Moreno, Tobias Willett
Translation	Trevor Foskett, Ginny Tapley
Photographers	Cesare Leonardi (*Amendola Park*), David Cardelús (*Jardines del Guadalquivir*), David Soliday (*The Charleston Waterfront Park*), Georges Descombes (*Parc at Lancy*), Sean O'Neill (*Beach Park*), Kathryn Gustafson (*Les Droits de l'Homme Square*), David Cardelús (*Jardines del Turia*), Aaron Kiley / Richard Pete / Dan Kiley (*The Henry Moore Sculpture Garden*), Denton Corker Marshall (*Tsuen Wan Parks*), Elliot Fine (*Tiffany Plaza*), Landscape Town and Country Ltd. (*Milton Keynes Park System*), Harua Hirota (*Nanasawa Forest Park*), David Cardelús (*Parc del Valira*), Gareth Lewis (*Victoria Square*), David Walker / Dixi Carrillo (*Centrum*), Bruce Mackenzie / David Moore (*Long Nose Point*), Kevin Kristensen (*The Graveyard Extension*), David Cardelús (*Parque de Catalunya*), Daniel Jarry (*Parc Georges Pompidou*), Jaap Kuiper (*Dr. Jac. P. Thijssepark*), Gérard Dufresne (*Parc de Villeneuve*), Gabriel Figueroa / Jorge Sandoval (*Xochimilco Park*), M. Paul Friedberg & Partners (*67th Street Playground*), M. Paul Friedberg & Partners (*Pershing Park*), J. J. Strahm / Imsand (*Laussanne Olympic Park*)
Graphic Design	Mireia Casanovas Soley
©	FRANCISCO ASENSIO CERVER
Registered Office	Ganduxer 115, 08022 Barcelona Tel. (93) 418 49 10, Fax. (93) 211 81 39

ISBN 84-8185-004-7 (obra completa)
ISBN 84-8185-006-3 (volumen 2)

Dep. Leg. B-15333814-1994

Printed in Spain

The second volume of the *World of Environmental Design* collection consists of a series of projects grouped together under a term that is broad and ambiguous; the urban park. This idea has many different meanings, the result of the erratic, uncontrolled growth of modern cities and the confused typology this urbanisation has generated. The aims of this introduction are not very ambitious; it merely attempts to mark the limits, as far as is possible, of the concept of the urban park and thus to justify the projects included in this volume.

It is not necessary to go back to the distant past in search of their historical origins, although it is impossible to ignore the influence of some of their forerunners, ranging from the idyllic paradises promised by some religions to the architectural gardens of the Renaissance, without forgetting the public spaces that shaped city life in classical times.

The modern concept of the urban park, with all its modern connotations, did not appear until the XIX century. The reasons for its relatively recent appearance lie in the fact that the city and its public spaces have developed in parallel with society. On the basis of an analysis that was technological (the study of the instruments human beings use to modify their environment), the industrial revolution saw the birth of the latest phase of civilisation, which has influenced all aspects of the individual's life in society, including cities.

Explosive population growth, the increasingly massive scale of cities, the growing alienation of the individual from the natural environment and the ecological risks of policies based on economic interests are the dark side of today's major cities. Part of this conflict was denounced by M. Laurie in his book *Nature and City Planning in the Nineteenth Century*, one of the first studies to consider the modern concept of the public park as a natural reaction to the industrial city.

In the XIX century, the creation of these open spaces was the logical response to a series of social, cultural and housing factors. These included the sanitary and hygienic deficiencies of the inner cities, people's innate desire to contemplate nature and their need to live in aesthetically pleasing surroundings, reflecting qualitatively high standards of living. All these aspirations led to the appearance of large green spaces in the cities, "lungs" to provide fresh air to counteract the pernicious effects of chaotic, uncontrolled urban growth. The most famous example of this new concept of public park is Central Park in New York, the work of one of the key figures in the development of contemporary landscaping, Friedrick L. Olmstead.

During the XX century the conventional idea of a natural, green, space has changed spectacularly, making the simplistic definition of a park as a space with gardens rather obsolete. Although vegetation and natural features continue to play a fundamental role, modern urban parks now show a multifaceted complexity. Their planning and construction has to take into account a vast range of requirements and conditioning factors. These range from administrative and political factors to the choice of the smallest details, such as the type of planting basin for trees and the functional furnishings.

Two of these many requirements can be considered determining factors, due to their strong connection with the needs of the individual in the urban environment. On the one hand, the aesthetically vacuous single-use concept of these spaces has been abandoned, favouring versatility, multiple use and the introduction of ideas relating the park to the human and cultural essence of its city. On the other hand, the social and democratic awareness underlying designs for these areas makes it necessary to strike a difficult balance between the specific needs of the people directly affected and institutional requirements that aim to benefit the citizens as a whole.

The growing importance given to the user forms the basis for the many functions assigned to modern urban parks. On some occasions, it has been necessary to adapt the large green spaces created last century to the needs of today's inhabitants. This is true in the case of M. Paul Friedberg & Partners' plan for the 67th Street Playground, a large area of New York's Central Park that had to be restructured to create a specific space for children's play. Special importance is also conceded to the emotional connection between the user and the space, whether cultural (Tezozomoc Park by the Grupo de Diseño Urbano), architectural (the reconstruction of the Romanesque cloisters in the Parc del Valira by Luis Racionero) or visual (the references to Japanese mythology in Nanasawa Forest Park by Tokyo Landscape Architects).

8

In addition to these humanistic aspects, there are other more pragmatic ones, which consider landscaping as a method of integrating nature into the city. In opposition to the prevailing tendency favouring the imitation of nature as a reaction to the artificiality of the city, critical voices are now beginning to be heard opposing this superficial dialectic. Especially in inner metropolitan cities where the traffic and architectural framework imposes severe restrictions, urban landscaping must reinterpret the relationship between geometry and geography, between the city and nature. The artificial idea of compulsory integration is thus being replaced by the idea of ongoing development, which leads to different levels of perception. This is the procedure adopted by Michel and Claire Corajoud in the Parc de la Villeneuve, a very individual example of today's urban landscaping. This project, together with the others in this volume, provides the reader with a varied and plural vision of this complex creative discipline.

El segundo volumen de la colección *World of Environmental Design* está compuesto por una serie de proyectos agrupados bajo una terminología tan amplia como ambigua: la noción de parque urbano presenta una compleja significación, derivada tanto del desmesurado e irregular crecimiento de las ciudades contemporáneas como de la confusión tipológica que dicha urbanización ha generado. Los objetivos de la presente introducción no son en absoluto ambiciosos. Únicamente se pretende delimitar, en la medida de lo posible, la amplitud semántica del concepto de parque urbano, justificando a partir de tales consideraciones la presencia de los proyectos que integran el volumen.

No es necesario remontarse a épocas muy remotas para encontrar los orígenes históricos de estos lugares, aunque tampoco hay que obviar la influyente importancia de algunos de sus ilustres predecesores, desde los paraísos idílicos prometidos por ciertas religiones hasta el jardín arquitectónico del Renacimiento, sin olvidar los espacios públicos que organizaron la vida de las ciudades durante las culturas clásicas. No obstante, hasta el s XIX no aparece el concepto moderno de parque urbano, con las connotaciones que se le atribuyen en el momento actual. Las razones de esta relativa proximidad histórica hay que buscarlas en el hecho de que la ciudad, y en consecuencia sus espacios públicos, evolucionan de manera paralela a como lo hace la sociedad. Tomando como base la perspectiva analítica conocida como tecnológica (estudio de los instrumentos mediante los cuales el ser humano transforma el medio), la Revolución Industrial inauguró el último gran periodo de la civilización, lo que afectó todos los ámbitos vitales del individuo social, incluidas las ciudades.

La explosión demográfica, la masificación de las urbes, el progresivo alejamiento del hombre respecto al entorno natural y los riesgos ecológicos que conlleva una política centrada en intereses económicos conforman la vertiente más negativa de la realidad contemporánea de nuestras metrópolis. Parte de esta conflictividad ya fue denunciada por M. Laurie en su *Nature and City Planning in the Nineteenth Century*, uno de los primeros estudios que introduce el concepto moderno de parque público como reacción natural frente a la ciudad industrial.

Durante el s XIX, la creación de estos espacios abiertos fue la respuesta lógica a una serie de razones socioculturales y urbanísticas, entre las que se deben destacar las siguientes: las deficiencias sanitarias y de higiene en el interior de las urbes; la añoranza ancestral del individuo por la contemplación de la naturaleza; y la necesidad del ser humano de habitar en espacios estéticamente dignos, capaces de reflejar un nivel cualitativamente alto de vida. Todas estas aspiraciones cristalizaron en la aparición de grandes zonas verdes en los centros urbanos, concebidas a manera de pulmones de oxigenación que contrarrestaran los nocivos efectos del caótico y descontrolado crecimiento metropolitano. El ejemplo más celebrado de este nuevo concepto de parque público lo constituye, sin duda alguna, el Central Park de Nueva York, obra de uno de los autores claves en la evolución del paisajismo contemporáneo, Friedrick L. Olmstead.

A lo largo del s xx, la noción convencional y naturalista de zona verde ha ido evolucionando de forma espectacular, quedando un tanto obsoleta la definición simplista de espacio ajardinado. A pesar de que en su configuración siguen teniendo una importancia fundamental la vegetación y los componentes naturales, la realidad de los parques urbanos actuales presenta una complejidad poliédrica. La planificación y ejecución de estos proyectos debe tener en cuenta una extensa serie de requisitos y condicionantes, que abarca desde el ámbito político-administrativo hasta la concreción de los más mínimos detalles, como la elección de la forma de los alcorques o de los componentes del mobiliario funcional.

De esta amplia lista de requerimientos, se pueden destacar dos parámetros determinantes por su profunda relación con las necesidades del individuo en su entorno urbano: por una parte, se ha abandonado la concepción monofuncional y vacuamente estética de estos espacios para apostar por la polivalencia de usos y por la introducción de contenidos que relacionen el parque con la esencia humanística y cultural de la ciudad en que se inscribe; por otra, la concienciación social y democrática que anima la proyección de estos lugares obliga a coordinar en un difícil equilibrio las necesidades concretas de la población afectada con los requerimientos institucionales referidos al beneficio de la totalidad ciudadana.

La creciente importancia otorgada al usuario constituye la espina dorsal del extenso programa de funciones que contienen los nuevos parques urbanos. En algunas ocasiones, se ha hecho necesario adaptar aquellas grandes zonas verdes de oxigenación del pasado siglo a las necesidades de la población actual. Éste es el caso de la actuación de M. Paul Friedberg & Partners en la 67th Street Playground, una extensa área del ya citado Central Park neoyorquino que ha tenido que ser reestructurada para conformar un sector específicamente destinado a los juegos infantiles. También se concede especial énfasis a la conexión afectiva entre usuario y espacio, ya sea a partir de una relación cultural (el Parque Tezozomoc del Grupo de Diseño Urbano), arquitectónica (la reconstrucción del claustro románico para el Parc del Valira, de Luis Racionero) o pintoresca (la mitología tradicional nipona en el Nanasawa Forest Park de la firma Tokyo Landscape Architects).

A estas relaciones de índole humanística hay que añadir otras de carácter más pragmático, referidas a la integración paisajística de la naturaleza en el interior de las ciudades. Frente a la tendencia imperante que preconiza la mimesis de lo natural como reacción a la artificialidad de la urbe, comienzan a alzarse voces críticas que se oponen a esta dialéctica superficial. La actividad paisajística urbana, especialmente en el interior de los núcleos metropolitanos donde el entramado viario y el volumen arquitectónico imponen una cierta rigurosidad compositiva, debe reinterpretar las relaciones entre geometría y geografía, entre ciudad y naturaleza. De esta manera, la técnica de integración forzosa y forzada está dejando paso a una idea de continuidad progresiva, que se traduce en distintos niveles de percepción. Éste es el procedimiento empleado por Michel y Claire Corajoud en el Parc de la Villeneuve, una de las muestras más personales del paisajismo urbano contemporáneo que, junto al resto de proyectos presentados en este segundo volumen, contribuye a ofrecer al lector una imagen plural y heterogénea de esta compleja disciplina creativa.

Urban Spaces II (Urban parks)

The garden design uses mainly autochthonous species that emphasise the scheme's relationship with its surrounding landscape.

Para el ajardinamiento se han utilizado fundamentalmente especies autóctonas que relacionan la intervención con el paisaje.

Parc Georges Pompidou

Daniel Jarry

Completion date: 1989
Location: Grenoble, France
Client/Promoter: Grenoble Town Council
Collaborators: Marcel Bajard (Services Études et Réalisations Urbaines)

In this project the architect has had to resolve a major creative challenge involving consideration of a series of guidelines affecting the physical and conceptual development of the city of Grenoble. In the first place, Jarry's work was based on the redefinition of the planning approach to an entire section of the city as a consequence of new design needs. The removal of the military barracks that formerly separated two districts of the city has led to a new plan for communications, affecting both the area's interior and its connection with the surrounding landscape. In the second place, the scheme changes the image of the locality by creating a public park that is both cultural and equipped with play facilities, and this favours the connection of the two districts, previously separated by facilities that are now unnecessary.

Daniel Jarry (France, 1949) is a qualified landscaper (DPLG — *Diplomé par le Gouvernement*). He started his professional career as a consultant at the ENSP (École National Supérieure des Paysagistes, in Versailles) under Michel Corajoud. As part of SERV (Services Études et Réalisations Urbaines, directed by Marcel Bajard), his name is closely connected to the landscaping activities that have taken place in Grenoble. In 1991 he was in charge of the Bureau d'Études Paysagères of the Val-de-Marne department. The works that Jarry has executed include: La Butte Verte, in Grenoble-Echirolles; the surroundings of the Cultural Centre in the same city; the improvement of the external spaces in the Très Clôitres (150 dwellings) and Anatole France (200 dwellings) housing developments; the street, squares, gardens and block infrastructure for the Hoche project (500 dwellings), also in Grenoble; the renovation of a XVII-century garden; the design of the open spaces next to the railway lines (Place de Gare and Rue Félix Poulat); the Parc Georges Pompidou, including the later extension of the fountain by Marc Couturier; the landscaping of the 250 dwellings in the Reyniés group; the surroundings of Alp-Expo; and the first phase of the restoration of the Parc de la Garenne-Lemot in the Loire-Atlantique department. He has published articles and essays in important architectural magazines ("Archivert", "Cahiers Secteur Publique", "Cahiers des ateliers d'été du Frac", "Pages Paysages") and he has also participated in many exhibitions and conferences.

The topographical conflicts that Daniel Jarry and the municipal technicians had to face up to are derived from the landform of the city itself. The fact that it is located in a depression among mountains paradoxically makes Grenoble the flattest municipality in France. Another, more specific, problem raised during planning was the need to account for the installation on the site of a large facility, Grenoble Sports Centre. The internal layout of the park is structured on the basis of a thorough analysis of possible communications with the districts surrounding the esplanade, previously separated by the barracks and by the railway line running parallel to Rue Général Mangin. The scheme follows the logic of the shortest routes possible, using straight lines to extend the road system laid out in the original structure of the city. This solution took the form of a series of diagonal lines that cross the rectangular forms of the former military buildings, and thus breathe life into the layout underlying this new public space.

The rich variety of plants and trees found in Grenoble is clearly visible in the large site of the former barracks, but they coexist with other species that are less typically alpine. The conservation process has followed certain defined criteria: the groups and rows of trees that best represented the essence of the site have been kept (plane trees, pines —*Pinus silvestris* and *P. nigra austriaca* — acacias and cypresses); respect for the trees had to go hand in hand with the design layout for the internal roads, forming part of the general road system. The location of the trees, although it appears informal, is thus the careful result of the combination of these two parameters. Circulation in the park is arranged around a network of paths, and also the inspiring use of greenery.

The introduction of nature into this space is thus derived from two types of relationship: interior and exterior. Internally, the layout of trees complements the different communication axes and the design elements, which combine aesthetic and pragmatic approaches (pools, functional furnishings or play facilities). The most individual of these elements are the ones using water, i.e., the pools. Their arrangement also fits in with the communications system based on the existing alignments.

In the centre of the park is one of the most original pools, both because of its shape and the way it arranges and interrupts the lines defining circulation. It is worth mentioning that it is shallow and combines curves with straight lines, and has a stylised winding extension running across much of the site, from east to west.

To sum up, Daniel Jarry's work and that of the Grenoble Council landscaping services show that work on the basis of a subtle, well-designed scheme can lead to major achievements, creating urban green space and improving the visual relationship of the site with its setting.

Jarry's scheme has served to join two districts which were virtually separated.

Water (in this case, channelled) is a regular element in Jarry's work.

One of the axes for pedestrian circulation.

Paradoxically for a mountain landscape, the park is a large, almost flat area.

The trees fit in with the landscape.

La intervención de Jarry ha servido para unir dos barrios, antes virtualmente escindidos.

El agua (en este caso acanalada) es una presencia habitual de los trabajos de Jarry.

Uno de los ejes de circulación peatonal.

Paradójicamente, en un entorno montañoso, el parque se conforma como una gran extensión prácticamente plana.

El arbolado queda perfectamente integrado en el paisaje.

El autor, en este proyecto, se ha enfrentado a un importante desfío creativo en el que hay que considerar una serie de pautas que afectan tanto al desarrollo conceptual como formal de la ciudad de Grenoble. En el primer aspecto, la labor de Jarry se ha centrado en la redefinición del espíritu urbanístico de un sector de la ciudad en virtud de sus nuevas necesidades de configuración: la desaparición de un acuartelamiento militar, antigua barrera de separación entre dos barrios ciudadanos, ha favorecido la reordenación en el tejido de relaciones, tanto en lo que respecta a las del propio interior como a la conexión con el contexto paisajístico. En el segundo sentido, el proyecto transforma la imagen de la localidad a partir de la creación de un parque cuya vocación pública, lúdica y cultural favorece el reencuentro de esos dos sectores divorciados por unos equipamientos de función anquilosada.

Daniel Jarry (Francia, 1949) es paisajista DPLG (Diplomé par le Gouvernement). Inicia su actividad profesional como consultor en la ENSP (École Nationale Supérieure des Paysagistes, en Versalles) de Michel Corajoud y su nombre aparece frecuentemente ligado a la labor paisajística llevada a cabo en la ciudad de Grenoble, dentro del marco del SERV (Services Études et Réalisations Urbaines) dirigido por Marcel Bajard. En 1991 ejerce como responsable del Bureau d'Études Paysagères del Departamento de Val-de-Marne. Entre las obras llevadas a cabo por Jarry hay que mencionar La Butte Verte, en Grenoble-Echirolles; los alrededores de la Casa de la Cultura, en la misma ciudad; la adecuación de los espacios exteriores de las operaciones residenciales Très Clôitres (150 viviendas) y Anatole France (200 viviendas); la infraestructura de manzanas, jardines, plazas y calles del proyecto Hoche (500 alojamientos), también en Grenoble; la renovación de un jardín del siglo XVII; la proyección de los espacios adyacentes a las vías férreas (Place de Gare y calle de Félix Poulat); el parque Georges Pompidou, con la ampliación posterior de la fuente de Marc Couturier; la actuación paisajística en las 250 viviendas del conjunto Reyniés; el entorno de Alp-Expo; y la primera fase de los trabajos de res-

The different access routes help to extend the neighbouring streets.

A slightly sunken circle contains some of the play facilities.

One of the access walkways.

Las diferentes vías de acceso ayudan a dar continuidad a las calles adyacentes.

Un círculo levemente deprimido encierra alguna de las instalaciones lúdicas.

Una de las pasarelas de acceso.

tauración del Parc de la Garenne-Lemot en la Loire-Atlantique. Ha publicado artículos y ensayos en importantes revistas del sector («Archivert», «Cahiers Secteur Public», «Cahiers des ateliers d'été du Frac», «Pages Paysages»), actividad que ha combinado con su participación en numerosas exposiciones y conferencias.

Los conflictos de carácter topográfico a los que tuvieron que hacer frente Daniel Jarry y los equipos técnicos de la ciudad gala se derivan de la propia estructura orográfica de esta última. La configuración en hondonada donde se emplaza convierte a Grenoble, paradójicamente, en el municipio más llano de toda Francia. Dentro de un ámbito más concreto, otro de los problemas planteados durante la proyección fue la necesidad de prevenir la disposición en el solar de una gran instalación, el nuevo Palacio de Deportes de Grenoble. La organización interna del parque se estructuró en virtud de un análisis pormenorizado de las posibles comunicaciones con los barrios que circundan la explanada, aislados hasta ese momento por el cuartel y la línea férrea paralela a la calle de Général Mangin. El proyecto impuso la lógica del camino más corto, trazos directos que prolongasen el tejido viario marcado por la estructura original de la ciudad. Esta solución se tradujo en una serie de líneas diagonales que, al introducirse en la trama ortogonal dictada por las antiguas construcciones militares, dinamiza y proporciona vida interior al diseño del trazado regulador del nuevo espacio público.

La riqueza floral y arbórea de Grenoble quedaba patente en el amplio solar de las antiguas casernas, pero conviviendo con otras especies menos representativas de la identidad alpina. El proceso de conservación se ejecutó a partir de unos determinados criterios: se han mantenido, por una parte, los macizos e hileras de árboles que mejor escenifican la esencia del lugar (plátanos, pinos —silvestris y nigra austriaca—, acacias y cipreses); por otra, el respeto por este tipo de flora debía correr parejo a la organización de calles internas marcadas por el tejido viario. De la conjunción de estos dos parámetros surge la cuidada, aunque aparentemente informal, disposición de los árboles. Así, la circulación natural en el parque se ordena gracias a su trazado de itinerarios, pero también a la estimulante presencia vegetal.

La introducción de la naturaleza en este espacio procede, de esta manera, de dos tipos de relaciones: la interior y la exterior. En el primer aspecto, las estructuras arbóreas se complementan con los distintos ejes de comunicación y con componentes urbanísticos que compaginan pragmatismo y estética (estanques, mobiliario funcional o lúdico, etc). Entre éstos, los más característicos son los que hacen del agua su elemento natural, es decir, los estanques. Su disposición responde, igualmente, a la lógica de comunicación de los alineamientos existentes.

Situado en la zona central del parque, se ha dispuesto uno de los estanques más originales, tanto por su morfología como por su capacidad de ordenar y entrecruzar las líneas de circulación. Es necesario mencionar su escasa profundidad, así como la combinación de contornos rectos y curvos, y a la estilizada y sinuosa prolongación de agua que, de este a oeste, recorre gran parte del recinto.

En definitiva, la labor de Daniel Jarry y los servicios paisajísticos de Grenoble demuestran cómo a partir de una intervención sutil y matizada es posible conseguir importantes logros, tanto en el aprovechamiento urbanístico de zonas verdes, como en la relación de la localidad con su entorno panorámico.

There is a bridge over the channel where it intersects one of the paths.

El canal corta una de las vías peatonales. Este obstáculo se salva mediante un pequeño puente.

Some of the small differences in level serve as sites for rocks.

Stone benching has been installed around the sunken circle.

Algunos de los pequeños desniveles se han aprovechado para la inclusión de masas rocosas.

Rodeando al círculo deprimido se han instalado expresivas bancadas de piedra.

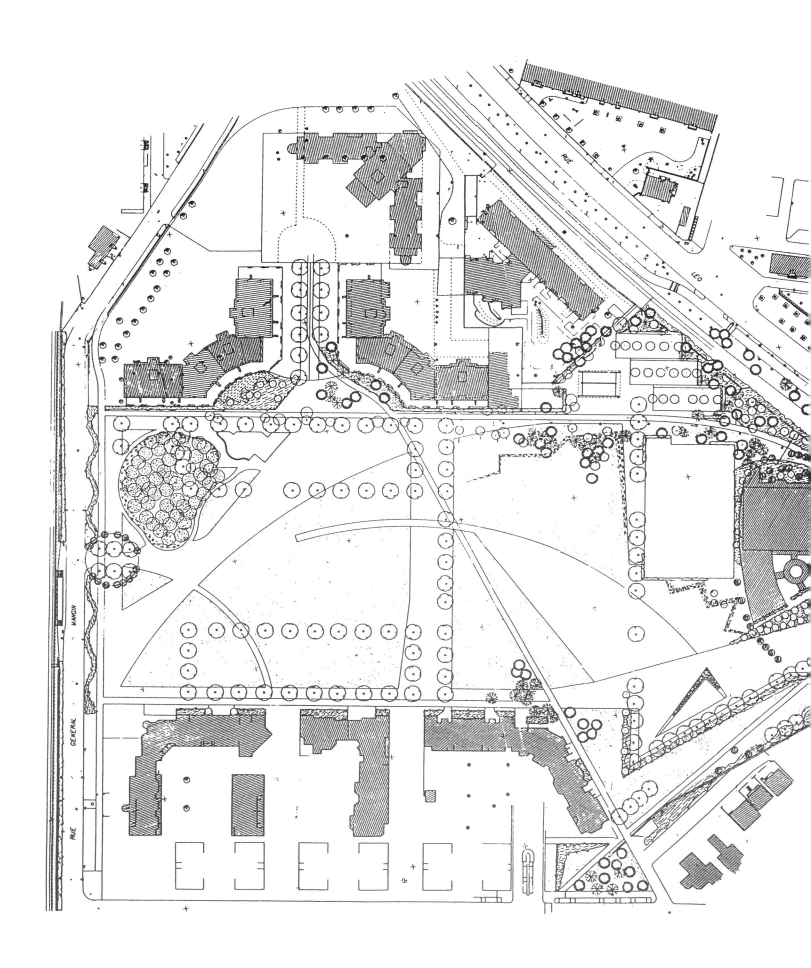

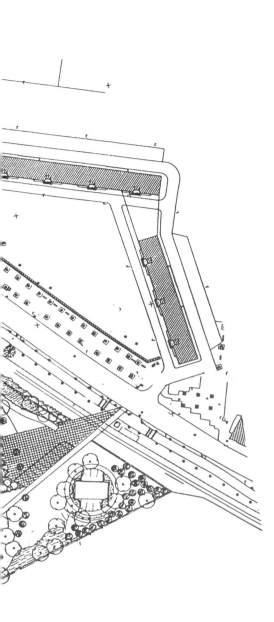

General plan of the scheme. 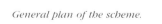 Plano general de la intervención.

Xochimilco Park

Grupo de Diseño Urbano

Completion date: 1993
Location: Xochimilco, Mexico
Client/Promoter: Borough of Xochimilco and the Federal District Department
Collaborators: Jorge Calvillo

Xochimilco is the last remaining area of the former lake flora and fauna of the Mexico Valley. It was declared a World Heritage Site by UNESCO in 1987. This was the beginning of an intense programme of activities to recover the entire ecology of the area, an area of more than 3,000 ha, including 200 km of canals. A further 280 ha were set aside to create a multifunctional park, the Xochimilco Ecological Park.

The Grupo de Diseño Urbano (Urban Design Group) was responsible for the design. This group consists of Mario Schjetnan Garduño and José Luis Pérez Maldonado. Mario Schjetnan Garduño (Mexico City, 1945) obtained his degree in architecture from the National Autonomous University of Mexico in 1968, and then did postgraduate studies in Urban Design at the University of California at Berkeley from 1968 to 1970. In 1970 he was invited to participate as Director of Urban and Housing Design in the National Institute for Workers' Housing, where he developed new ideas for national policies on town planning, as well as housing projects in 115 cities. In 1977 he founded the Grupo de Diseño Urbano, in partnership with José Luis Pérez Maldonado and Jorge Calvillo, and since then they have participated in a wide range of projects: architecture, housing, parks, squares, and town and environmental plans for several places in Mexico. Among his most outstanding projects are the Culhuacán Park, the Quinta Eugenia housing development, both of which are in Mexico City, the Museum of Modern Art and that of popular arts in the city of

The details of the paving are present throughout the park.

Los detalles del pavimento acompañan toda la intervención.

Toluca, and the urban development plan for the city of Mérida in Yucatán. He has received awards from the American Society of Landscape Architects, the Mexican Association of Architects, the Architecture Biennial of Buenos Aires, and the Architecture Biennial of Mexico. The Xochimilco Ecological Park won the 1992 Design Award from the *Waterfront Center* in Washington.

This project raised a major and very complex problem, due to the need to resolve the specific needs of the community of Xochimilco and the other institutions and associations involved, who all participated in policy development. Of the 3,000 ha rescued, 1,000 were expropriated for a housing development, two regulatory lagoons, a plant nursery, a road system and the park itself. The 280 ha site of the park was used to create a bird reserve, a botanical garden with a representative area of *chinampas*, a recreational area for boating, a new lagoon, a market for plants and flowers, sports facilities, wetland areas and an information centre for visitors. This is part of a planning strategy to protect the *chinampa* area of Xochimilco, threatened by the uncontrolled growth of the capital.

The nature reserve for birds consists of a swampy area, with small islands and low vegetation which supports a wide range of water birds. Access to this area is limited to guided parties. The botanical garden is an educational space recreating the natural ecosystems of the Mexican altiplano, or highlands, as well as demonstrating the *chinampas*, highly productive artificial agricultural islands that form part of the area's tradition. The recreational area is located on the lakeside and includes a children's play area, a promenade with arched pergolas for climbing plants, theme gardens, flowerbeds running along the lakeside, pedestrian avenues pointing towards the neighbouring mountains and volcanoes, a plaza with pergolas and a lawn area for concerts or other public events. The lake is a single sheet of water covering 54 ha alongside the Mexico City ringroad — which divides the park — thus making the view of the lakes part of the

Trajineras, typical Mexican flat boats.

Boarding point for boats.

The lagoon.

Las trajineras o barcas planas típicas mexicanas.

Embarcadero de trajineras.

La laguna.

cityscape. The plant and flower market consists of 1,800 stalls, each occupying 32 m². The overall effect is like a cluster of greenhouses; three axes converge on a central service building located in the centre of a square intended for exhibitions. The sports areas are in the north of the park and are a conceptual innovation, halfway between a sports park and an ecological park. Each of the different sports fields and courts is surrounded by a truncated pyramid covered in grass, and each is in a lake; the lakes were dug in different sizes and serve to collect the rainwater for the ecological areas.

The access plaza is the heart of the park and contains an information centre for visitors. This multifunctional building houses a small museum, an information office, a space for temporary exhibitions, toilets, offices, and a rooftop terrace with an excellent view. A necessary part of any landscape architecture scheme is precisely the integration of built space with natural space, which easily leads to an organic architecture, rather than a rationalist one. The Grupo de Diseño Urbano's solution for the information centre, the stalls, flower market and the sports area, show that the desired integration does not necessarily involve the fusion or subordination of architecture to the natural landscape. The park's covered spaces have a presence and a role that is not determined by the landscape, but which interact with it and enrich their immediate surroundings. The information centre is a complete, effective landscape architecture proposal, using elements like a slope of volcanic rock, a clear reference to pre-Spanish architecture. The reddish concrete used is an allusion to the local *tezontle*. The central patio is circular and its smoothness contrasts with the surrounding area laid out in squares. Bright, lively colours are used in the walls and benches. The terraced roof makes use of agaves and contrasts with the sinuous wall in one of the corners.

All these buildings fit in with the landscape and are complemented by footpaths, arched pergolas, climbing plants and hedging that helps to preserve the natural character of the area. To sum up, the richness of pathways, promenades, and visual references, both natural and built, make the Xochimilco Ecological Park a feat of political will and an example of high-quality solutions to landscaping problems.

Xochimilco, último remanente de la antigua flora y fauna lacustre del valle de México, fue declarado Patrimonio de la Humanidad por la Unesco en 1987. A partir de ese momento, se inició un intenso programa de actividades que tenían como meta el rescate ecológico integral de la zona, con más de 3.000 Ha de superficie y 200 km de canales. Paralelamente a estas acciones, se reservaron 280 Ha para la creación de un parque multifuncional, llamado Parque Ecológico de Xochimilco.

El Grupo de Diseño Urbano, colectivo responsable del proyecto, está formado por Mario Schjetnan Garduño y José Luis Pérez Maldonado. Mario Schjetnan Garduño (Ciudad de México, 1945) se licenció en arquitectura por la Universidad Nacional Autónoma de México en 1968. Cursó estudios de posgrado sobre Diseño Urbano en la Universidad de California, Berkeley, de 1968 a 1970. En 1972 fue invitado a participar como director de Diseño Urbano y Vivienda en el Instituto del Fondo Nacional de la Vivienda para los Trabajadores, donde desarrolló nuevas ideas para políticas nacionales en materia de diseño urbano y viviendas en 115 ciudades. En 1977 funda el Grupo de Diseño Urbano, en asociación con José Luis Pérez Maldonado y Jorge Calvillo, los cuales, a partir de esa fecha, han venido participando en una amplia gama de proyectos: arquitectura,

Water plays a basic role throughout the park.

The access square with the information centre and the spiral.

El agua juega un papel primordial en todo el parque.

La plaza de acceso con el centro de información y la espiral.

viviendas, parques, plazas e incluso planes urbanos y ambientales en diversos puntos de México. Entre sus obras más destacadas se encuentran el parque Culhuacán, el proyecto de la vivienda la Quinta Eugenia, ambos en la Ciudad de México, el Museo de Arte Moderno y el correspondiente a las artes populares de la ciudad de Toluca, y el plan de desarrollo urbano de la ciudad de Mérida en Yucatán. Ha recibido distinciones de la Sociedad Americana de Paisajistas, la Sociedad Mexicana de Arquitectos, la Bienal de Arquitectura de Buenos Aires y la Bienal de Arquitectura de México. El parque ecológico Xochimilco le ha valido el premio de diseño de 1992 por *The Waterfront Center* de Washington.

Este proyecto planteó una problemática de gran envergadura y complejidad, debido a la necesidad de resolver las proyecciones específicas de la comunidad de Xochimilco y de las asociaciones e instituciones involucradas, que a su vez tuvieron una participación activa en la política de la intervención. De las 3.000 Ha rescatadas, 1.000 de ellas se expropiaron para destinarse a urbanizaciones de viviendas, dos lagunas de regulación, un vivero, el sistema viario y el parque mismo. Las 280 Ha de este último se utilizaron para crear una reserva natural para las aves, un jardín botánico con zona chinampera demostrativa, un área recreativa con embarcaderos, una nueva laguna, así como un mercado de plantas y flores, áreas deportivas, zonas húmedas y un centro de información al visitante. Este parque forma parte de una estrategia urbanística para la protección de la zona chinampera de Xochimilco, amenazada por la presión que ejerce el crecimiento incontrolado de la capital del país, que se interpone entre ambos.

La reserva natural para las aves consiste en una zona pantanosa, con pequeñas islas y vegetación baja, que acoge a un gran espectro de especies de aves acuáticas. El acceso a dicha área estará limitado a las visitas guiadas. El jardín botánico es un espacio didáctico que recrea los ecosistemas naturales del altiplano de México, además de reproducir las chinampas, islas agrícolas artificiales altamente productivas, que forman parte de la tradición del lugar. El área recreativa, localizada a la vera del lago, incluye una zona de juegos infantiles, un paseo apergolado con jardines temáticos y diversos lechos de flores a lo largo de la orilla, avenidas peatonales orientadas hacia las montañas y volcanes vecinos, una plaza apergolada y una explanada de césped para conciertos o cualquier otro tipo de actividades públicas. La laguna es una gran lámina de agua de 54 Ha ubicada en el límite de la vía de circunvalación de la Ciudad de México que atraviesa y divide inevitablemente el parque, obsequiando con una nueva perspectiva acuática el paisaje urbano de la ciudad. El mercado de plantas y flores contiene 1.800 puestos de venta de 32 m² cada uno. Su disposición recuerda a un claustro formado por invernaderos, con tres ejes que convergen en un edificio central de servicios ubicado en el punto medio de una plaza para exposiciones. Las áreas deportivas se sitúan en la parte septentrional del parque, donde dan lugar a un nuevo concepto a medio camino entre el parque ecológico y el parque deportivo. Las canchas para los diferentes deportes se suceden rodeadas de una pirámide truncada corrida de césped, al tiempo que se organiza un sistema de zonas húmedas, excavadas en diversos tamaños para recoger el agua de lluvia drenada para los nichos ecológicos.

En la plaza de acceso, en el corazón del parque, está ubicado el centro de información al visitante, edificio multifuncional que alberga un pequeño museo, un puesto de información, una sala para exposiciones temporales, tiendas, cafetería; servicios y oficinas, además de un mirador en la azotea. Una premisa necesaria para cualquier propuesta de arquitectura del pai-

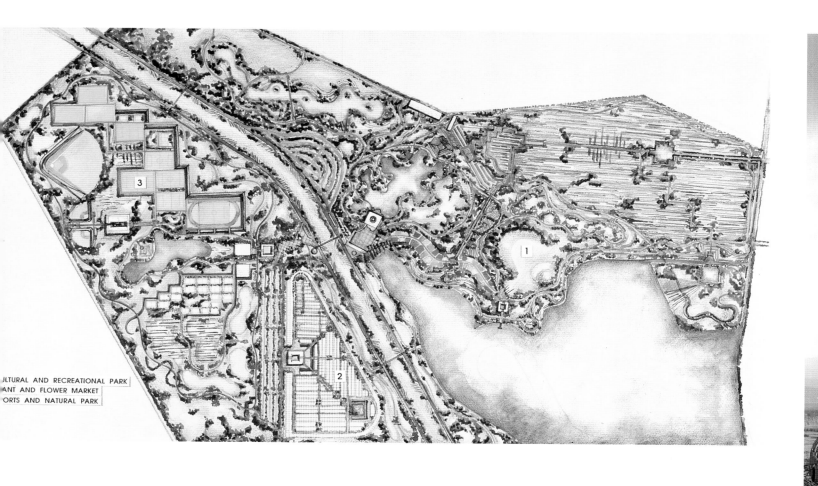

CULTURAL AND RECREATIONAL PARK
PLANT AND FLOWER MARKET
SPORTS AND NATURAL PARK

Pergola and flower garden in the re-creational area.

The half-covered promenades form part of the landscape.

General plan of the project.

Pérgola y jardín de flores en el área re-creativa.

Los paseos semicubiertos se introducen en el paisaje.

Planta general de la intervención.

saje es precisamente la integración de lo construido con lo natural, situación que fácilmente aboca a la arquitectura orgánica, antes que a la racionalista. No obstante, la solución del Grupo de Diseño Urbano para el centro de información, así como para los quioscos, mercado de flores y plantas, y elementos del área deportiva, demuestran que la pretendida integración no significa necesariamente fusión o subordinación de la arquitectura en relación al paisaje natural. Los espacios cubiertos del parque tienen una presencia y una relevancia que no someten al paisaje, sino que dialogan con él y enriquecen su contexto inmediato. El citado centro de información supone una propuesta integral y lograda de arquitectura del paisaje, con elementos como el talud de piedra volcánica, en referencia clara a la arquitectura prehispánica. El hormigón de tono rojizo se utiliza en alusión al tezontle de la región. El patio central en forma circular y aspecto líquido contrasta con la envoltura cuadrada rústica. Se hace uso de colores vivos y brillantes en muros y poyos. Por último, la azotea mirador rematada con magueyes se destaca contra el muro ondulante en una de las esquinas.

Todos los edificios están integrados en el paisaje y se complementan con veredas, pérgolas, enredaderas y cercos de seto, ayudando así a preservar el carácter natural del lugar. En suma, la riqueza de recorridos, paseos y referencias visuales, tanto naturales como construidas, hacen del Parque Ecológico Xochimilco una verdadera proeza de voluntad política y de calidad de solución paisajística.

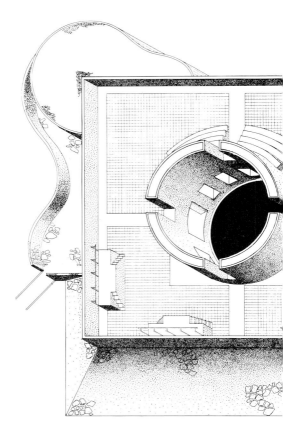

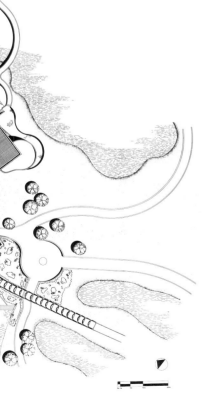

Aerial view with the volcanic landscape in the background.

Transition between the earth, the paving and the water.

Axonometric projection of the information centre.

General plan of the access area.

Vista aérea con el paisaje de los volcanes en el horizonte.

Transición entre la tierra, el pavimento
y el agua.

Perspectiva axonométrica del centro de
información.

Planta general de la zona de acceso.

Jardines del Guadalquivir

Jorge Subirana Atienza

Completion date: 1990
Location: Seville, Spain
Client/Promoter: Expo 92
Collaborators: Eva Lotz (sculpture)

The Jardines del Guadalquivir (the Guadalquivir Gardens) are on the Cartuja Island in Seville and form part of the area where the Seville 92 Exposition was held. The park is intended to be a viewpoint and tries to create a link between the city and the permanent buildings left on the Expo 92 site.

Jorge Subirana Atienza (Barcelona, 1936) studied landscape architecture in France and obtained his government diploma in 1964. He worked in Juan Mirambell's Barcelona studio and then in Espaces Verts Lienard in Paris, and in 1964 rose to the position of head of the Green Area Services, Works Management and Control for the Iberian Peninsula in the Madrid company Construcciones Inmobiliarias. He has performed a long list of projects in many cities throughout the peninsula. The most important are the Alcalá de Henares river park, the Parque Quinta de los Molinos housing scheme, and the gardens of the Hacienda de Benazuza Hotel in San-lúcar la Mayor in Seville. He received first prize in the competition for ideas for the use and planning of the beaches in the Benidorm municipality, Alicante; the Silver Medal for the gardening projects competition in AR-TEFLOR-83 and ARTEFLOR-84, in Zaragoza; and the second prize in the competition for ideas for the new municipal cemetery in Puentedeume in La Coruña province. He has also taught as director of third-year projects, Head of Design and Director of Studies in the Gardening and Landscaping School in Castillo de Batres.

The River Guadalquivir used to split into two branches when it passed

Undulating path in the garden of fragrant and medicinal plants with the Expo 92 Pavilion of the Future in the background.

Sendero ondulante en el jardín de las plantas aromáticas y medicinales con el pabellón del futuro de la Expo 92 al fondo.

through Seville, creating a central island called la Cartuja (the Charter-house) after the Carthusian monastery located there. One of the two branches of the river was artificially filled in, thus destroying the river's original course. When the Seville 1992 Universal Exposition was being organised this former stretch of river was recreated, and the recovered island was used as the site for the Expo. This is how the Guadalquivir Gardens Park was created, and it was conceived as a boundary between the city of Seville and the exterior.

One starting point for the proposal was to reintroduce the hypo-thetical original tree cover in order to create a woodland setting for the park's different garden areas. The long slopes down to the river, lying to the east of the project, recover the riverside woodland. As a prolongation of this dense riverside vegetation a mixed woodland extends into the level ground in the middle of the island and envelops the rest of the project.

Another starting point for the design was the three traffic axes of the Expo site established in the general plan for the whole site, and which structure the park along an east-west axis. As these routes enter the veg-etation a series of different, related areas follow one another. The route from the south to the north of the park has an educational and implicitly symbolic component that arouses the interest of the pedestrians. The route begins at the south of the scheme and summarises the history of gardening, its basics and the different purposes a garden can serve. The path starts in an area surrounded by smooth, undulating forms and lines that gradually acquire order and geometry as the concept of the garden develops. The transition is based on the desire to emphasize the change from the spontaneity of nature to the models chosen by civilisation. The idea behind this project is to show the historic and functional develop-ment of the relationship between humanity and cultivated vegetation.

The path starts in the garden dealing with the origin of soil, a semi-wild space consisting of a rock garden, gravel, sand, water and vegetation that ranges from arid conditions to lushness. This progression symbolises the formation of topsoil and for this reason the plants used are species that grow spontaneously. The path then leads to the aquatic garden, con-sisting of a large pool crossed by a footbridge aligned with one of the main axes of the precinct. This environment includes aquatic plants and orna-mental trees and there is a clear transition between organic forms on one side of the bridge and geometric ones on the other side. Next is the aro-matic and medicinal plants garden, showing the first uses of wild plants as medicines, fragrances and seasonings. Its design is based on the super-position of smooth, winding curves formed by myrtle hedges onto a quad-rangular design of paths and plant beds. The concept is reminiscent of the old herbalists' gardens that kept alive knowledge of the plants' properties. The pedestrians can observe the collection and drying of the plant ma-terials and then taste them as herbal infusions in the adjacent kiosk.

The path leads to the next garden, dedicated to rosaceous plants, the rose family. The idea of the garden cultivated for aesthetic and utilitarian reasons appears at this stage. Its ordered and symmetrical form reveals structures inspired in the medieval period and the Renaissance. At the top of a small hill, there is an apple tree that serves to crown the garden devoted to the Rose family. The western part of this garden is bordered by two rooms intended as rest areas. Both are surrounded by thick screens of laurel with orange trees, and they are joined by a water chan-nel. The path continues northwards and intersects the gardens around the avenue that is the main vehicle axis. This part corresponds to the Baroque period, with its promenades and broad panoramic views. The

Metal pyramid and pool on the axis of the rosaceous garden.

Metal pyramid in the rosaceous garden.

Entrance to precinct, under the metal pyramid.

Entrance to maze.

Axis of pyramid in the rosaceous garden.

Pirámide metálica y estanque en el eje del jardín de las rosáceas.

Pirámide metálica del jardín de las rosáceas.

Entrada al recinto bajo la pirámide metálica.

Entrada al laberinto vegetal.

Eje de la pirámide en el jardín de las rosáceas.

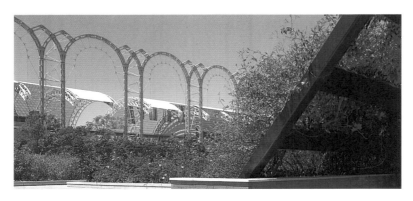

avenue is planted with cypresses, palm trees and other species of tree and leads to a platform with a view over the river, where musical events will be held. This axis serves as a frontier between the gardens devoted to knowledge and reflection and those dedicated to playing and action at the north end of the promenade. These include a maze made of hedging, recreational areas, children's play areas and a tower with a view.

Due to this diversity the park on the banks of the Guadalquivir has a very varied offer for different interests, ages and states of mind, and this wealth of detail makes it unique.

View of the Pavilion of the Future from the entrance to the precinct under the metal pyramid.

Open-air play area among the palm trees.

Detail of the brick slide in the open-air play area.

Vista del Pabellón del Futuro desde la entrada al recinto bajo la pirámide metálica.

Área de juegos al aire libre entre palmeras.

Detalle del tobogán de ladrillo en el área de juegos al aire libre.

43

Los jardines del Guadalquivir en la isla de la Cartuja de Sevilla nacen para alojar una parte del recinto donde se celebró la Exposición Universal de la misma ciudad en 1992. Es un parque con vocación de mirador que pretende establecer un puente entre el asentamiento urbano y el conjunto de edificaciones remanentes de la Expo 92.

Jorge Subirana Atienza (Barcelona, 1936) cursa estudios de arquitectura paisajística en Francia, obteniendo el diploma por el gobierno galo en 1964. Trabaja en el estudio de Juan Mirambell en Barcelona y en la empresa Espaces Verts Lienard en París, pasando a ser jefe de Servicios de Zonas Verdes, Dirección y Control de Obras en Peninsular de Construcciones Inmobiliarias en Madrid (1964). En 1967 funda su estudio propio en Madrid. La lista de proyectos realizados es numerosa y se extiende a diversas ciudades del ámbito peninsular. Entre ellos destacan el parque fluvial de Alcalá de Henares, la urbanización Parque Quinta de los Molinos y el ajardinamiento del hotel Hacienda de Benazuza en Sanlúcar la Mayor en Sevilla. Ha recibido el primer premio en el concurso de ideas para la ordenación y utilización de playas del término municipal de Benidorm, Alicante; el premio medalla de plata al concurso de proyectos de jardinería en ARTEFLOR-83 y en ARTEFLOR-84, Zaragoza; y el segundo premio en el concurso de ideas para el nuevo cementerio municipal de Puentedeume (La Coruña). Por último, cabe señalar una pequeña incursión en la docencia como profesor de Proyectos III, jefe del Área de Diseño y director de estudios en la Escuela de Jardinería y Paisajismo en Castillo de Batres.

Antiguamente, el río Guadalquivir a su paso por Sevilla se bifurcaba en dos, originando una isla central, llamada de la Cartuja por el monasterio de monjes de esta orden que allí se ubicaba. En los avatares de la historia, uno de los dos brazos se cegó artificialmente, desapareciendo la configuración inicial. La organización de la Exposición Universal de Sevilla de 1992 convino en la recuperación del antiguo brazo del río y la utilización de la isla recobrada como recinto para todos los actos. El parque de los jardines del Guadalquivir, nacido en este contexto y alojado en este espacio, se concibe como una zona fronteriza de transición entre el conjunto urbano de Sevilla y el exterior.

En primer lugar se propone una reimplantación de un hipotético bosque primigenio que cree un marco arbóreo consistente para albergar los diferentes jardines del parque. En los grandes taludes que abocan al río, situados en la parte este de la intervención, se recupera el bosque en galería o de ribera. A modo de prolongación de esta espesa vegetación de orilla se extiende en el llano un bosque mixto que abraza al resto del proyecto.

Otro punto de partida del diseño son los tres ejes viarios del recinto de la Exposición, establecidos en la planta general del conjunto, que vertebran el parque en dirección este-oeste. Al tiempo que estos paseos penetran en el entorno vegetal, se suceden de forma concatenada ámbitos de diversa condición. La sección norte-sur del parque posee un contenido didáctico cierto y una carga simbólica implícita, que despiertan el interés del transeúnte. Se trata de un recorrido que comienza en la punta meridional de la intervención dando un repaso a la historia de la jardinería, a sus fundamentos y a las diversas funciones que puede cumplir un jardín. Este trayecto nace rodeado de formas y líneas suaves y ondulantes que adquieren gradualmente orden y geometría a medida que va mudando el concepto de jardín. En esta transición subyace la voluntad de redundar en el paso de la espontaneidad de la naturaleza a las pautas de la civilización.

Garden of fragrant and medicinal plants.

Jardín de las plantas aromáticas y medicinales.

El recorrido nace en el jardín de los orígenes del suelo, espacio semisalvaje conformado por roquedos, berrocales, gravas, arenas, agua y un abanico de vegetación que, partiendo de la aridez, acaba tornándose en frondosidad. Esta gradación pretende simbolizar la formación del suelo cultivable y por esta razón las plantas empleadas son especies de crecimiento espontáneo. De ahí se pasa al jardín acuático, configurado con un gran estanque salvado por una pasarela que se corresponde con uno de los ejes mentados del recinto. Este entorno, además de las plantas acuáticas, posee ya arbolado ornamental y una transición clara entre formas orgánicas y geométricas a ambos lados del puente. A continuación se llega al jardín de las plantas aromáticas y medicinales, espacio que se dedica a los primeros usos de las plantas silvestres: medicinales, aromáticos y condimentarios. Su diseño es una superposición de curvas suaves y sinuosas formadas por setos de arrayán, con una trama cuadrangular de sendas y arriates. El concepto evoca los antiguos huertos conventuales en los que se guardaban los secretos de las propiedades de las plantas. El viandante no sólo puede observar la floración, la recogida y el secado de las plantas, sino que también puede degustar las infusiones correspondientes en el quiosco adyacente.

El trazado conduce al siguiente jardín, el de las rosáceas, donde aparece la noción del jardín cultivado con fines estéticos y utilitarios. Sus formas ordenadas y simétricas revelan estructuras de inspiración medieval y renacentista. En lo alto de un túmulo, un manzano corona la composición poblada de flores de la citada familia. La parte occidental de este jardín linda con dos salones pensados para el recogimiento. Ambos están cercados por tupidas pantallas de laurel que albergan algunos ejemplares de naranjos, comunicados mediante un canalillo de agua. El recorrido prosigue hacia el norte cruzando perpendicularmente una avenida ajardinada que recoge el eje viario principal y se corresponde a la fase barroca de las grandes perspectivas y de los paseos. Esta rambla está jalonada de cipreses, palmeras y otras especies de árboles que conducen a una plataforma-mirador asomada al río, destinada a la audición de música. Este eje sirve de frontera entre el grupo ya comentado de los jardines del conocimiento y de la contemplación, y el grupo de los jardines lúdicos y de acción situado al norte del paseo, que comprenden: un laberinto vegetal, áreas de juegos libres, áreas de juegos infantiles y una torre-mirador.

Es debido a toda esta diversidad que este parque a orillas del río Guadalquivir puede presumir de una variada oferta, entendida en parámetros de intereses, edades y estados de ánimo, que constituye su mayor riqueza y establece su singularidad.

Winding path in the fragrant and medicinal plant garden.

Platform in the fragrant and medicinal plant garden.

Sendero ondulante en el jardín de las plantas aromáticas y medicinales.

Plata... ...rdín de las plantas aromáticas y medicinales.

Detail of lamp.
Detail of light.
View of the maze.
The centre of the maze.

Detalle de farola.
Detalle de punto de luz.
Vista del laberinto vegetal.
El centro del laberinto vegetal.

Nanasawa Forest Park
Tokyo Landscape Architects

Completion date: 1988
Location: Atsugi-shi, Kanagawa Pref., Japan
Client/Promoter: Kanagawa Prefectural Government

This large park covers more than 64.6 ha and is an example of the large-scale projects carried out by public bodies in Japan that try to improve the quality of urban life at the same time as trying to limit the growth of the city. Furthermore, the project's philosophy should be understood from the perspective of the characteristic Japanese respect and love for unspoilt nature and the exuberant woodlands of the islands.

The studio responsible for this scheme, Tokyo Landscape Architects, is a group founded in 1968 and specialised in environmental study, research and engineering, urban and regional planning, project design and supervision, as well as the maintenance and administration of natural, recreational and play areas. Haruto Kobayashi (Matsumoto, Japan, 1937) presides over this interdisciplinary group of professionals. Kobayashi studied at the Agricultural University of Tokyo, qualifying as a landscape architect in 1961. From 1963 to 1968 he worked in the Civil Engineering Division of the Niigata Prefectural Government. Between 1968 and 1972 he was manager of the Environmental Planning Department of Tokyo Consultants. Since 1972 he has been President of Tokyo Landscape Architects, a position he combines with other management positions and consultancy work for other companies. Among his most important works are: the design of Marugame Civil Plaza; the development plan for the area around Kilimanjaro, in Tanzania; the general plan for the sports zone in the Prefectural Central Park, in the city of Akita; the landscape design of Jurng New Town in Singapore; the Soshu Island Botanical Garden; and the Master Design for the Yokohama Exposition. He has received several

The stream following its natural course.

El arroyo en su trayecto natural.

awards for his works as a whole, including the Institutional and Shimo-yama Prizes of the Japanese Institute of Landscape Architects, and the Grand Prize of the Agricultural University of Tokyo, where he has been a lecturer since 1990. Haruto Kobayashi is also a member of several organisations and research centres related to landscape architecture and the preservation of nature, such as the International Federation of Landscape Architects, where he was Vice-President; the Japanese Landscape Consultants Association, of which he is President; the Japanese Landscape Association, where he is Executive Director; the Centre for Environmental Information, which he personally manages; and among his personal interests, he is a member of the Japanese Association for the Preservation of Birds.

Nanasawa Forest Park is located in the west of Morinosato district in the city of Kanagawa. Its elongated outline stretches two km from south to north, running alongside the limit to building laid down in the town's development plan. The park's topography is characterised by a ridge of small hills and smaller hillocks. This relief gives the park its character and, together with the leafy woodland and dense vegetation, allows the creation of surprising spaces along the paths and walks. It also gives a nice view of the Morinosato district, with the Kamakura and Enoshima districts stretching to the horizon.

The main wheeled access is on the east side of the scheme, in the form of a road that enters right into the green area. It used to go through the hills and lead to Morinosato. Tokyo Landscape Architects considered it necessary to eliminate this traffic because it would have totally divided the park, and by doing so the scheme became more compact and coherent. Next to the entrance is Ohyama Plaza, with a picnic area for visitors. The path leading to the square runs parallel to a stream edged by large stones. The bed of the stream becomes more and more ordered, more constructed, until it reaches a pool with fountains. This collects the water and its overflow takes the form of a waterfall that is the square's symbolic threshold. The square is paved in granite with staggered, parallel rows of Japanese cherries. The square's paving appears to fracture and disintegrate when it reaches the water's edge. Its irregular appearance is due to the wish to impose a decidedly organic character on even the most built-up area of the project.

To the east of the main longitudinal path that forms its backbone is the park's most popular area; the *Wanpaku-no Mori* or forest for mischievous children. Its name makes it attractive to all those who identify with the idea of breaking rules that it suggests. This forest is full of wooden games and amusements and is very popular with younger children.

The walks in the park use stone, wood, and tree trunks along the footpaths in alternation with compacted earth. The shady paths run between rhododendrons and ferns, changing when they cross the open landscape of the grass area on one hill, continuing between beds of white flowers, and entering another woodland of Japanese maple and oak.

Both the administration building and the exhibition house, which tells the popular stories related to the site, are located at the entrance to the park. This is an attempt to combine two themes that are often linked in Japan's rich folklore; traditional stories and the forests where they take place. The exhibition house is in accordance with the Japanese concept of habitat. The Japanese house is a building without external walls as such, unlike the solid house with thick walls that is normal in northern Europe. Here, the internal and the external world form a single whole. The building guarantees an interrelation between itself and nature, whether it is

Stone is used to mark the water's edge.

A flight of steps edged by split tree trunks.

A path downwards edged with flowers.

Large area of grass on a hilltop.

The scheme includes several rounded grassy hills.

La piedra se usa para delimitar las zonas de agua.

Escalinatas contenidas por troncos atravesados.

Sendero descendente cercado de flores.

Grandes explanadas de césped coronan las lomas.

La intervención está jalonada por suaves colinas de césped.

raining or sunny. This construction is just right for its purpose and location. At the same time it is also representative of the traditional Japanese relationship to nature, expressed in this park's intimate and contemplative design, in stark contrast to the frenzy of Japanese city life.

Este gran parque de 64,6 Ha se sitúa en la línea de las intervenciones a gran escala de los organismos públicos japoneses, que buscan mejorar las condiciones de vida urbana del país, al tiempo que sirven de límite al crecimiento de la ciudad. Además, la filosofía del proyecto se ha de entender bajo el prisma de la idiosincrasia japonesa, de amor y respeto a la naturaleza verde, boscosa y exuberante propia de las islas.

El despacho encargado de la realización del proyecto, Tokyo Landscape Architects, es un colectivo fundado en 1968 que se dedica al estudio, investigación e ingeniería medioambiental, al planeamiento tanto regional como urbano, a la arquitectura y dirección de obras, así como al mantenimiento y administración de áreas naturales, lúdicas y recreativas. Haruto Kobayashi (Matsumoto, Japón, 1937) preside este grupo interdisciplinar de profesionales. Kobayashi cursó estudios en la Universidad Agrícola de Tokyo, licenciándose como arquitecto paisajista en el año 1961. Trabaja de 1963 a 1968 en la División Civil de Ingeniería en el gobierno de la provincia de Niigata. Entre 1968 y 1972 ejerce de director del Departamento de Planificación Medioambiental de la compañía Tokyo Consultants. A partir de 1972 tiene el cargo de presidente de la empresa Tokyo Landscape Architects, cargo que compatibiliza con otras funciones directivas y de asesoramiento en empresas del mismo ramo. Entre sus obras más importantes destacan el diseño de la plaza cívica de Marugame; el planeamiento global para el desarrollo de la zona del Kilimanjaro, en Tanzania; el plan general para el polideportivo del Parque Central Provincial de la ciudad de Akita; el diseño paisajístico para la ciudad de Jurng New Town en Singapur; el Jardín Botánico Insular de Sosh y, por último,

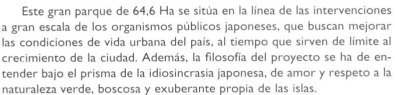

The park is crossed by several paths.

The entire project is inspired by traditional Japanese garden design.

Rest areas and rain shelters.

Detail of the leafy woodland.

Administration building.

El parque está surcado por varios senderos.

Todo el proyecto está inspirado en el ajardinamiento japonés tradicional.

Zonas de reposo y refugios contra la lluvia.

Detalle de la frondosa vegetación arbustiva.

Edificio de administración.

el plan general para la Exposición de Yokohama. Ha recibido diversos premios al conjunto de las aportaciones de sus obras, entre los que destacan el premio institucional y el premio Shimoyama de la Asociación de Paisajistas Japoneses, y el premio de excelencia de la Universidad Agrícola de Tokyo. Desde el año 1990, es conferenciante asiduo de la misma Universidad. Además, Haruto Kobayashi forma parte de diversas organizaciones y centros de investigación relacionados con el paisajismo y la preservación de la naturaleza, como son: la Federación Internacional de Paisajistas, donde ocupó el cargo de vicepresidente; la Asociación de Consultores de Paisajismo de Japón, de la que es presidente; la nombrada Asociación de Paisajistas Japoneses, donde ocupa un cargo directivo; el Centro Científico de Información Medioambiental, que dirige personalmente y, a título de curiosidad, se puede nombrar su compromiso activo en la Asociación Japonesa para la Preservación de las Aves, de la que es miembro.

El Parque Forestal de Nanasawa está ubicado al oeste del distrito de Morinosato en la ciudad de Kanagawa. Posee una forma alargada de dos kilómetros de longitud en dirección norte-sur, que acompaña a todo lo largo el límite de edificación establecido en el planeamiento urbanístico de la ciudad. La topografía del parque se caracteriza por una cadena de colinas de pequeño tamaño y lomas de menor entidad. Este pequeño relieve dota de carácter propio al parque y permite, en combinación con los bosques frondosos y la tupida vegetación, explotar el factor sorpresa en los espacios que se van descubriendo a lo largo de las veredas y los caminos. Además, ofrece la oportunidad de contemplar un bello panorama urbano del distrito de Morinosato, con los distritos de Kamakura y Enoshima perdiéndose en el horizonte.

El acceso rodado principal se sitúa al este de la intervención, con una vía que se introduce dentro de la masa verde. Ésta atravesaba en otro tiempo la cadena de colinas y conectaba con el distrito de Morinosato. El grupo de Tokyo Landscape Architects estimó conveniente eliminar el tráfico que hubiera dividido drásticamente el parque, consiguiendo así un proyecto más compacto y coherente. Junto al acceso se encuentra la Plaza Ohyama, con un área de picnic para los visitantes. A la plaza se accede por un camino que discurre paralelo a una corriente de agua cercada de grandes piedras. El cauce del arroyo va adquiriendo una forma cada vez más ordenada, más construida, hasta llegar a un estanque con surtidores. Éste recoge el agua y la vierte por un rebosadero, creando un umbral simbólico hacia la plaza en forma de cascada. La plaza está pavimentada en granito y salpicada de alcorques al tresbolillo donde crecen, entre manchas de hierba, troncos de cerezos japoneses. El pavimento de la plaza parece fracturarse y descomponerse en contacto con la superficie del agua. El aspecto irregular que ofrece obedece a la voluntad de imprimir un carácter decididamente orgánico incluso en el área más urbanizada del proyecto.

En la parte este de la senda longitudinal que vertebra toda la intervención se ha alojado el sector del parque que en mayor medida ha contribuido a su popularidad: el *Wanpaku-no Mori* o bosque para los niños traviesos. El nombre mismo ha servido de reclamo para todos los que se identifican con la carga de prohibición y transgresividad que tiene el adjetivo. Este bosque está poblado de un gran número de juegos y móviles infantiles construidos en madera para los más pequeños.

Las veredas del parque alternan los empedrados, la madera y los troncos que jalonan el camino con la simple tierra apisonada. Avanzan umbrías entre helechos y rododendros, se transforman para surcar el paisaje

Picnic area.

Exhibition house and other buildings.

Zona de picnic.

Casa para exposiciones y otros edificios.

abierto del césped de una loma y acaban desfilando entre lechos de flores blancas, que conducen de nuevo al bosques de arce y roble japonés.

Tanto el edificio de administración como una casa para exposiciones, que recoge las historias populares del lugar, se ubican en las cercanías de la entrada del parque. Se trata así de combinar dos temas principales que a menudo van ligados en la rica mitología japonesa: los relatos tradicionales y los bosques que les sirven de marco de acción. El recinto para exposiciones recoge la filosofía japonesa de hábitat. La casa japonesa es un edificio sin paredes exteriores propiamente dichas, en contraposición a la casa bastión de gruesos muros propia del norte de Europa. Aquí, el mundo interior y el exterior forman una unidad. La edificación garantiza así una interrelación entre ella misma y la naturaleza, llueva o brille el sol. Nada más adecuado para la ubicación y la función de esta construcción. A su vez, nada más indicativo de la idea tradicional japonesa de relación con la naturaleza plasmada en el diseño de este parque, íntimo y contemplativo, frente a la vorágine de la vida urbana nipona.

Pool in Ohyama Square.

Waterfall from the stream, marking access to Ohyama Square.

Estanque de la plaza Ohyama.

Cascada del arroyo que marca el acceso a la plaza Ohyama.

Pershing Park

M. Paul Friedberg & Partners

Completion date: 1979
Location: Washington D.C., USA
Client/Promoter: Pennsylvania Avenue Development Corporation

Pennsylvania Avenue is a main artery of the city centre of the capital of the United States, a straight line from the Capitol to the White House. As befits its pre-eminent status it has undergone a series of changes over the last few years aimed at improving the general quality of its layout and that of the adjacent spaces. Within this major improvement programme, Pershing Park was one of the first commissions completed by the Pennsylvania Avenue Development Corporation. This operation was based on the unification of a group of traffic islands to create a park. The transformation of this 2-acre site cost three million dollars.

M. Paul Friedberg was responsible for Pershing Park. This landscape architect, industrial designer, educator and writer was born in New York in 1931 and graduated from Cornell University in 1954. In 1958 he founded his landscape architecture and urban design studio, M. Paul Friedberg & Partners. He has worked as a professor at Columbia University, the New School of Social Research and the Pratt Institute, and he has also given lectures at many universities throughout the US and Canada. In 1983 he received his honorary degree *honoris causa* from Ball State University. He is currently director of the Urban Landscape Architecture programme at City College of New York. He is a member of the American Society of Landscape Architects and adviser to the Urban Design Institute, to the International Design Conference in Aspen, and Trustee of the American Academy of Rome. Among his many awards are the American Institute of Architects Medal.

The enigmatic mass of granite the waterfall flows from is the centre of attention in the pool area.

El enigmático volumen de granito sobre el que rebosa la cascada centra la atención en la zona del estanque.

Among the many projects that won Friedberg prizes in the 1980s are: Nassau Community College in Nassau County, New York; Honeywell Plaza in Minneapolis, Minnesota; the 67th Street Playground in Central Park, New York; the Ministry of Culture, Paris; the Transpotomac Canal Center, in Alexandria, Virginia; and the Rockledge Center in Rockville, Maryland.

The Pershing Park was the first in the series of new parks and squares intended to revitalise Pennsylvania Avenue, and is sited between Pennsylvania Avenue North and Pennsylvania Avenue South and between 14th and 15th Streets, just two blocks away from the White House and right opposite the historic Williard hotel. The aims set for the site design were: to create a plaza where different types of activities could be held; to resite the monument to General Blackjack Pershing — in whose honour the square is named; and to create a peaceful, friendly space for the general public.

Bearing in mind the role that was assigned to Pershing Park as an activities centre for the avenue, the programme included an open-air bar and dining facility, an ice-skating rink and a water feature. The overall design is based on three focal points that shape three different areas. These are the Pershing Memorial, (the monumental area), the food stall (the entrance and eating area), and a granite fountain, all located around a 100 × 75-foot central pool that is an ice-skating rink in winter.

A group of honey locusts planted in beds of grass separate the park from the avenue, whose route was changed to make the area more secluded. The tiered seating in the amphitheatre goes right down to the water's edge and appears to continue beneath the sheet of water. The central fountain is in the form of a waterfall descending from a massive block covered in granite with a squat, rectilinear form. This structure houses a tunnel for the *zamboni*, the special device for cleaning the ice, and the tunnel leads to an underground room with the machinery for the waterfall and the ice-making machine.

The layout of the gradins in the amphitheatre includes small pockets planted with a variety of vegetation, enriching the space and complementing the presence of water. The integration of the hard tiered seating with the different plants in the beds is especially successful.

The dining facility is right next to a large platform by the side of the pool, while the public toilets, changing rooms for the ice-skaters, and the park maintenance storehouse are underneath the pool.

The Pershing Park has won the Merit Award of the American Society of Landscape Architects, the Building Stone Institute award and the American Association of Nurserymen's Merit Certificate. These awards are for the quality of this urban space which brings the private and the public together, and where visitors can enjoy a natural environment or choose a quiet corner in restful and pleasant surroundings.

The restored Williard Hotel is right opposite Pershing Park.

Bird's-eye view of the central area of the park.

The tiered seating in the amphitheatre with pockets for a range of plants.

The presence of Pershing Park creates new perspectives along Pennsylvania Avenue.

View from the waterfall towards the monument area.

El restaurado Hotel Williard se encuentra justo frente al Parque Pershing.

Vista de pájaro de la zona central del parque.

Las gradas del anfiteatro se articulan con espacios reservados a diversas especies de plantas.

La presencia del Parque Pershing permite nuevas perspectivas de la Pennsylvania Avenue.

Perspectiva desde la cascada hacia la zona del monumento.

Pennsylvania Avenue es una importante arteria del centro urbano de la capital de Estados Unidos que comunica en línea recta los edificios del Capitolio y la Casa Blanca. De acuerdo con su importante carácter representativo ha venido experimentando en los últimos años una serie de obras que han tenido por fin aumentar la calidad de su trazado general y espacios adyacentes. Dentro del vasto plan de mejoras previsto, el Parque Pershing fue uno de los primeros encargos realizados por la sociedad Pennsylvania Avenue Development Corporation. Se trata aquí de una operación basada en la unificación de un conjunto de islas de tráfico para crear un espacio público ajardinado. Tres millones de dólares fueron invertidos en la transformación de las 0,4 Ha que ocupa el recinto.

M. Paul Friedberg fue el responsable del proyecto de Pershing Park. Este arquitecto paisajista, diseñador industrial, educador y escritor, nació en Nueva York en 1931 y se graduó en Ciencias por la Universidad de Cornwell en 1954. En 1958 fundó su estudio de paisajismo y diseño urbano: M. Paul Friedberg and Partners. Ha trabajado en la facultad de la Universidad de Columbia, la Nueva Escuela de Investigación Social y el Instituto Pratt, habiendo colaborado como conferenciante invitado en numerosas instituciones universitarias de EE UU y Canadá. En 1983 recibió el doctorado *honoris causa* por la Ball State University. Actualmente dirige el programa de Arquitectura del Paisaje Urbano en el City College de Nueva York. Es miembro de la Sociedad Americana de Arquitectos del Paisaje, asesor del instituto de diseño urbano de la Conferencia Internacional de Diseño de Aspen y comisario de la Academia Americana en Roma. Entre sus numerosos premios figura la medalla del Instituto Americano de Arquitectos (AIA).

Entre otros proyectos merecedores de premios realizados por Friedberg en los años ochenta se encuentran: el Nassau Community College en Nassau County, Nueva York; la Honeywell Plaza, en Minneapolis, Minnesota; el parque infantil de la calle 67, Central Park, Nueva York; el Ministerio de Cultura en París; el Transpotomac Canal Center en Alexandria, Virginia, y el Rockledge Center en Rockville, Maryland.

El Parque Pershing, pionero de una serie de nuevos parques y plazas conducentes a la revitalización de Pennsylvania Avenue, está situado entre las ramas sur y norte de esta avenida y las calles 14 y 15, a sólo dos manzanas de la Casa Blanca y directamente enfrente del histórico Williard Hotel. Entre los principales objetivos fijados para la intervención en este enclave se pueden apuntar: crear una plaza donde poder organizar diferentes tipos de actividades, dar un nuevo emplazamiento al Monumento al General Blackjack Pershing que da nombre a todo el conjunto, y crear un espacio tranquilo y acogedor para recreo del público en general.

Teniendo en cuenta el papel que debía asumir el Parque Pershing como centro de actividades de la avenida, se previeron para este espacio urbano un servicio de bar y comidas al aire libre, una pista de patinaje sobre hielo y elementos de agua. La composición del conjunto se basa en tres puntos focales que configuran otras tantas áreas diferenciadas, como son el Pershing Memorial —zona monumental—, el quiosco de comidas —zona de entrada y restauración— y una fuente de granito, todo ello situado en torno a un estanque central, de unos 30,5 × 23 m, que puede convertirse en pista de patinaje.

Un conjunto de acacias de tres espinas plantadas sobre parterres de césped aíslan el parque de la avenida, a la que se dio un nuevo trazado, consiguiendo con ello un mayor recogimiento. Las gradas del anfiteatro descienden directamente al estanque y visualmente parecen prolongarse indefinidamente bajo la lámina de agua reflectante. La fuente central

The stall's terrace is a delightful spot on sunny days.

La terraza del quiosco se convierte en agradable rincón de reposo en días soleados.

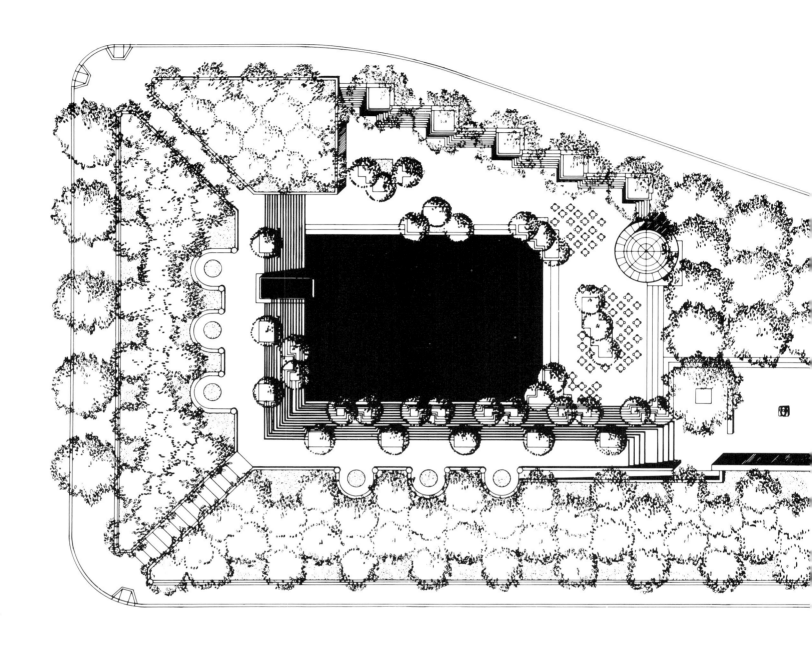

SECTION / ELEVATION · B

adopta la forma de una cascada que rebosa de un masivo elemento revestido en granito y de perfiles rectilíneos que emerge del graderío. Este cuerpo aloja en su interior un túnel para el *zamboni*, un componente del dispositivo de limpieza del hielo, y a través de él se accede a una cámara subterránea donde se encuentra la maquinaria del estanque y del generador de hielo.

La disposición del escalonado en el anfiteatro se articula dando lugar a jardineras en las que se sitúan diversos tipos de plantas, contribuyendo con ello a la riqueza del espacio y completando la presencia del agua. Resulta especialmente acertada la integración de la dura geometría de las gradas y las diversas especies vegetales.

El quiosco de comidas se sitúa directamente junto a una amplia plataforma situada al borde del estanque, bajo la cual se hallan los aseos públicos, vestuarios para patinadores y el almacén para el servicio de mantenimiento del parque.

El Parque Pershing ha sido merecedor del Premio al Mérito de la Sociedad Americana de Arquitectos Paisajistas y del Certificado al Mérito Building Stone Institute, concedido por la Asociación Americana de Horticultores. Ambos galardones reconocen la calidad de este espacio urbano que aglutina los sentidos de lo público y lo privado, en el que el visitante puede disfrutar de un entorno natural o escoger su propio rincón dentro de un ambiente que invita al reposo y la distracción.

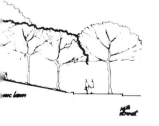

Final general plan.

General longitudinal section.

Planta general definitiva.

Sección longitudinal general.

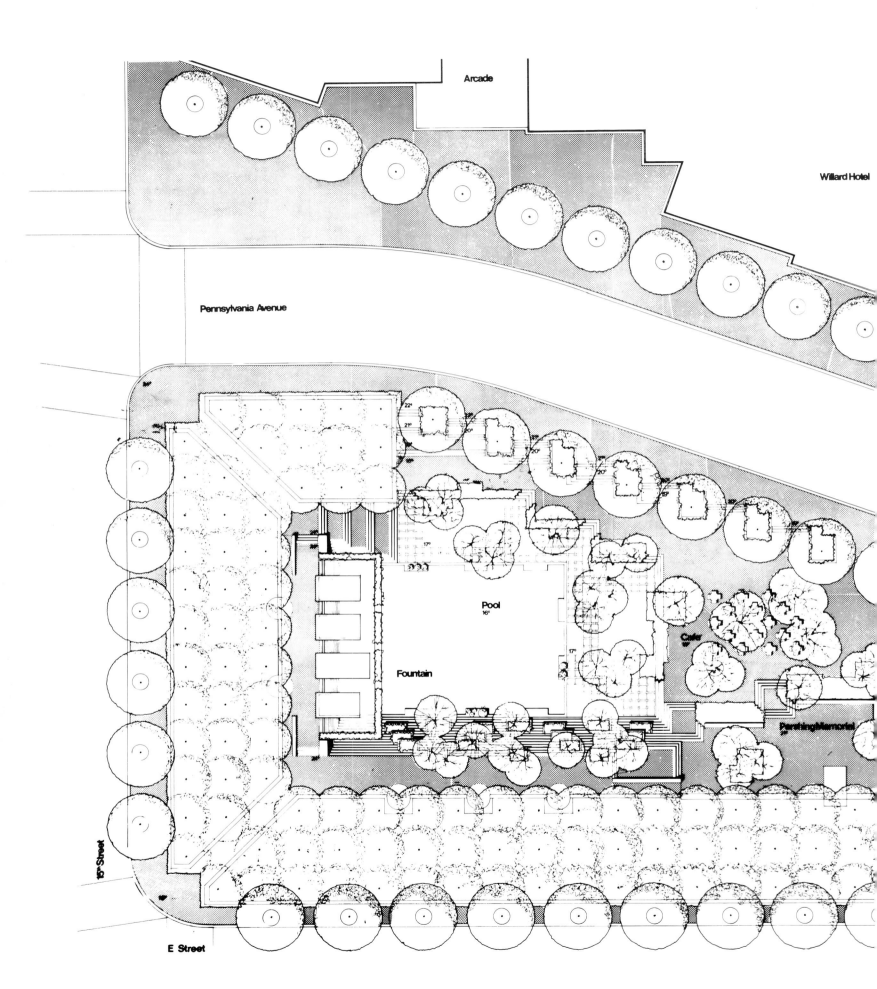

Arcade

Willard Hotel

Pennsylvania Avenue

Pool
16°

Fountain

Café

Pershing Memorial

15ᵗʰ Street

E Street

68

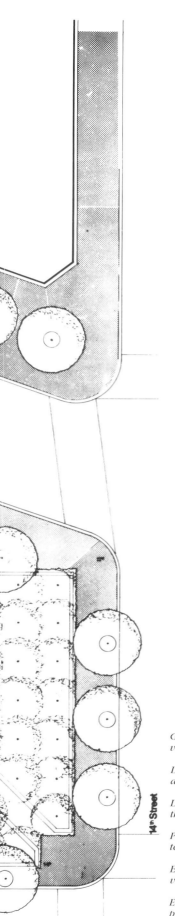

14th Street

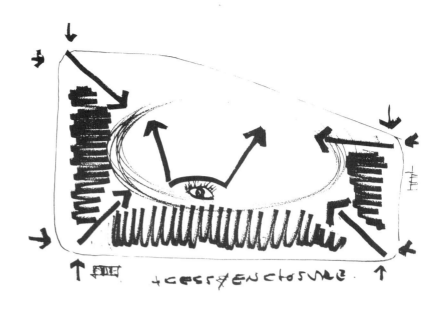

ACESS & ENCLOSURE.

General plan of an alternative previous study.

Diagram showing access, enclosures and viewlines.

Diagram showing the main points of the composition.

Planta general de un estudio previo alternativo.

Esquema de accesos, cerramientos y vistas.

Esquema de los principales focos compositivos.

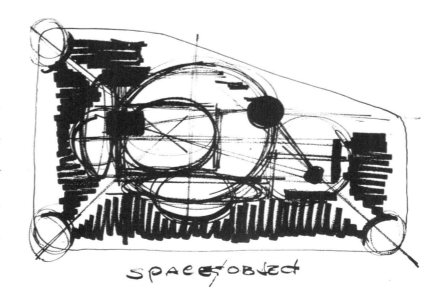

SPACE & OBJECT

View of the cloister arcades.

Vista de la arcada del claustro.

Parc del Valira

Luis Racionero

Completion date: 1990
Location: Seu d'Urgell, Spain
Client/Promoter: Institut Català del Sòl
Collaborators: Javier Racionero

The city of Seu d'Urgell is an emblem of the foothills of the southern Pyrenees; as it is the seat of the local bishop it has a cathedral, a splendid XI century Romanesque construction, a symbol of the city's historical and architectural identity. The city opens out to its magnificent natural surroundings at the junction of the River Valira with the River Segre, one of the main tributaries of the Ebro. The riverbank forms a transition zone between the built-up area and the surrounding countryside, and this has made it into a space that has traditionally been open and public. The park known as Parc dels Enamorats (Lovers' Park), by the Castell Ciutat footbridge, was destroyed in a flood that deprived the population of its historic natural refuge.

To return this lost space to the city, the site was restructured on the basis of the same urban and landscaping criteria that have guided the entire project. On the one hand, the intention was to bring the park into the fabric of the city, not only in a physical and material sense, but also in more abstract and contemplative aspects of symbolism, construction or architecture. On the other hand, the site had to become a centre for people to use, emphasising its connection with its surroundings and its availability to the citizens.

Nobody could have understood the needs and latent potential of this space better than a local architect. Luis Racionero (Seu d'Urgell, 1940) is more widely known for his many literary works and as one of the leading lights of Spanish culture. He abandoned his brilliant career in town plan-

ning to devote himself to his intellectual activities. His academic training includes degrees in Economics and Industrial Engineering from the Escuela de Barcelona (1965) and prestigious foreign awards (American Field Service and Fulbright scholarship at Berkeley University). This period in the United States, until 1970, allowed him to study under such important figures as Spiro Kostoff, Leo Lowenthal, Carlo Cipolla, Richard Meier, and Donald Appleyard.

He obtained his master's in Urban Design in 1970 and his doctorate cum laude in 1973, confirming him as a leading professional, and he alternated teaching with work in his own urban development studio. Until he changed his career in 1976, Racionero had participated actively in some of the most important plans and studies of the 1970s, such as the New Cities Plan in the Amazon Basin, the Typology of the Communes of Algeria, the Spatial Structure of the Spanish City System, the Target Structure of the Barcelona Metropolitan Authority, the Action Strategy for Medium-Sized Spanish Cities, and The Territory in 1990.

The project under discussion was performed by Luis Racionero, in collaboration with his brother Javier, and was for a long strip of land, 230 m long by 42 m wide. This strip runs parallel to the river and is emphasised by the presence of a line of poplars dotted along the fishermen's path by the riverside. The planning process took physical and orographic factors into account as well as the need to recover the site's identifying values, both cultural (traditional symbolism) and natural (using plants suitable for the climate and landscape). Special attention was also paid to defining spaces for collective use, by including areas intended for strolling and meeting points, while bearing in mind the harsh climate of the area, characterised by cold, sunny winters.

The park is divided into three basic sections, articulated along a central axis dividing the park into two distinct areas. The southern end terminates in a sharp angle and the landform is used to create a secluded space that recovers the spirit of the former Lovers' Park. It is sheltered

The capitals show figures from contemporary mythology.

Detail of the carved capitals.

View of the fountain in the cloister.

Los capiteles reproducen figuras de la mitología actual.

Detalle de los capiteles escultóricos.

Primer plano de la fuente claustral.

by a two-metre hedge and laid out using benches with Thoro type supports, and is planted with poplars.

The second architectural section crosses the axis, taking the form of a path in natural stone that cuts across the park and runs down to the river. This path starts at a 2.5-m-tall concrete wall fountain, and is paved in flagstones and has blue and white arabesque tiling. The third, and most distinctive, section of the Valira riverside is the element occupying the northern end, a closed space designed to shelter visitors from the area's harsh climate and closely modelled on the architecture of the cathedral's cloister, now closed to the public.

This method is backed by its historic and traditional use in the Pyrenees, and reveals itself as an ideal solution from a pragmatic, symbolic and meditative point of view. It was also designed to hold public cultural events, emphasising its function as a collective space. Prefabricated materials were used in its construction for reasons of cost, but the area's values were respected by using ochre and pink shades.

The internal arches and central fountain create the calm, placid atmosphere of cloistered spaces. The construction overlooks the river through the openings of a double arcade, so as not to obstruct the view of the landscape. Another interesting detail is the way some capitals have been carved with an image of the face of some of the main figures of contemporary mythology, whether scientists, artists, actors or football players.

To finish, it is necessary to mention the careful selection of plants suitable for the climatic conditions and landscape of the Pyrenees, both in terms of the trees (willows, poplars, plane trees and cypresses) and the shrubs (such as box hedging) which is emphasised by the traditional and historical nature of the project.

La Seu d'Urgell, una de las ciudades más representativas de la zona prepirenaica catalana, conocida por ser sede episcopal y por tener en su catedral románica del s XI su mayor signo de identidad histórica y arquitectónica, se abre hacia su magnífico entorno natural a través del río Valira en su confluencia con el Segre, uno de los principales afluentes del Ebro. La ribera fluvial constituye el espacio de transición entre el área urbanizada y el paisaje circundante, lo que la ha convertido, por tradición, en un espacio abierto de vocación ciudadana. El conocido antiguamente como Parc dels Enamorats, cercano a la pasarela de Castell Ciutat, fue destruido por una riada que privó a la población de su refugio natural.

Con la intención de devolver a la ciudad el espacio perdido, la reestructuración del lugar está planteada a partir de una serie de criterios urbanísticos y paisajísticos que han presidido toda la intervención: por una parte, enlazar el parque con el entramado del tejido urbano, pero no sólo desde un sentido físico y material, sino también en sus aspectos conceptuales más abstractos y espirituales, ya sean éstos tipológicos, tectónicos o paisajísticos; y, por otra, convertir el lugar en una zona para el disfrute colectivo, enfatizando su carácter de diálogo con el entorno y de disponibilidad ciudadana.

Nadie más adecuado para entender las necesidades y el sentimiento latente de este espacio que un autor local. Luis Racionero (Seu d'Urgell, 1940), más conocido por su extensa obra literaria y por ser uno de los personajes más representativos de la cultura española, abandonó en 1976 su brillante carrera urbanística para dedicarse a la actividad intelectual. En su formación académica destacan las licenciaturas en ciencias econó-

The play of light and shade character-ises the perimeter of the cloister.

View of the main construction from outside.

El juego de luces y sombras caracteriza el perímetro del claustro.

Vista desde el exterior de la construc-ción principal.

micas e ingeniería industrial por la Escuela de Barcelona (1965) y la concesión de algunas de las más prestigiosas becas (la American Field Service y la Fulbright, esta última en la Universidad de Berkeley). Su estancia en Estados Unidos, prolongada hasta 1970, le permite ampliar sus conocimientos en una serie de cursos bajo la tutela de figuras tan importantes como Spiro Kostoff, Leo Lowenthal, Carlo Cipolla, Richard Meier o Donald Appleyard.

El *master* de Urbanismo en 1970 y el doctorado cum laude en economía sobre la tesis de urbanización y desarrollo en 1973, le consolidan como uno de los talentos más destacados en este ámbito, alternando al mismo tiempo la docencia con el trabajo en su propia consultoría urbanística. Antes del cambio de trayectoria profesional en 1976, Racionero había participado activamente en algunos de los planes y estudios más importantes de la década de los setenta, como el Plan de las Nuevas Ciudades en Amazonia, la Tipología de las Comunas de Argel, la Estructura Espacial del Sistema de Ciudades Español, la Estructura Meta del Área Metropolitana de Barcelona, la Estrategia de Actuación sobre las Ciudades Medias Españolas o El Territorio en 1990.

En el proyecto que aquí se analiza, realizado en colaboración con su hermano Javier, Luis Racionero se enfrentó a un terreno caracterizado por su linealidad, con una extensión de 230 X 42 m. Esta franja paralela al río estaba subrayada por la preexistencia de una hilera de álamos que punteaban el camino de pescadores situado en la orilla fluvial. En la planificación, además de los factores físicos y orográficos, se planteó la necesidad de recuperar los valores identificativos del lugar, tanto desde el punto de vista cultural (tradición tipológica) como del natural (selección de especies vegetales en consonancia con el marco climático y paisajístico). Asimismo, se puso especial énfasis en la definición de espacios adecuados al disfrute colectivo, con una distribución de áreas funcionales destinadas al paseo y a la relación, pero teniendo en cuenta los rigores climatológicos de la zona, caracterizada por inviernos fríos y soleados.

El parque está estructurado en tres episodios fundamentales, articulados en torno a un eje central que lo divide en dos sectores diferenciados. En el extremo sur, acabado en ángulo agudo, se ha aprovechado la morfología del terreno para crear un espacio íntimo que recupera el espíritu del desaparecido Parc dels Enamorats. Protegido por un seto de dos metros y ordenado mediante bancos con respaldo tipo Thoro, en este sector se ha escogido el chopo como vegetación característica.

El segundo de los momentos arquitectónicos está organizado en torno al mencionado eje, un camino en piedra natural que atraviesa transversalmente el parque en dirección al río. Este trazado axial parte de una fuente mural en hormigón de 2,5 m, con empedrado lamborda y alicatado en baldosas blancas y azules. Sin embargo, el episodio más representativo de la orilla del Valira es el que ocupa su vertiente septentrional, un espacio cerrado que ha sido concebido para proteger a los paseantes de los rigores climáticos de la zona y que está directamente inspirado en la arquitectura del claustro de la catedral románica, cerrado ahora a la disponibilidad pública.

Este recurso, avalado por la tradición histórica de la zona pirenaica, se revela como la solución ideal desde el punto de vista pragmático, tipológico y espiritual. Asimismo, ha sido planificado para albergar celebraciones culturales de carácter público, con lo que se subraya su funcionalidad colectiva. En su construcción se han utilizado materiales prefabricados por razones económicas, pero respetando los valores plásticos del lugar gracias a los cromatismos ocres y rosas.

Los arcos interiores y la fuente central recogen la atmósfera serena y tranquila del espacio claustral. No obstante, la construcción se abre hacia el río en una doble arcada para no obstaculizar la relación visual con el paisaje. Otro de los recursos más interesantes de este espacio es la resolución escultórica de algunos capiteles, en los que se ha perfilado el rostro de personajes fundamentales de la mitología contemporánea, ya sean científicos, artistas, actores o futbolistas.

Por último, hay que hacer mención a la calculada selección de especies vegetales en relación a la climatología y al paisaje pirenaico, tanto desde el punto de vista arbóreo (sauces, chopos, plátanos, cipreses) como del arbustivo (viña virgen, setos de boj), con lo cual se enfatiza el carácter de tradición histórica que preside todo el proyecto.

Cypresses are traditionally planted in religious spaces.

View of the entrance to the cloister.

Los cipreses forman parte de la tradición vegetal de los espacios religiosos.

Vista de la entrada al claustro.

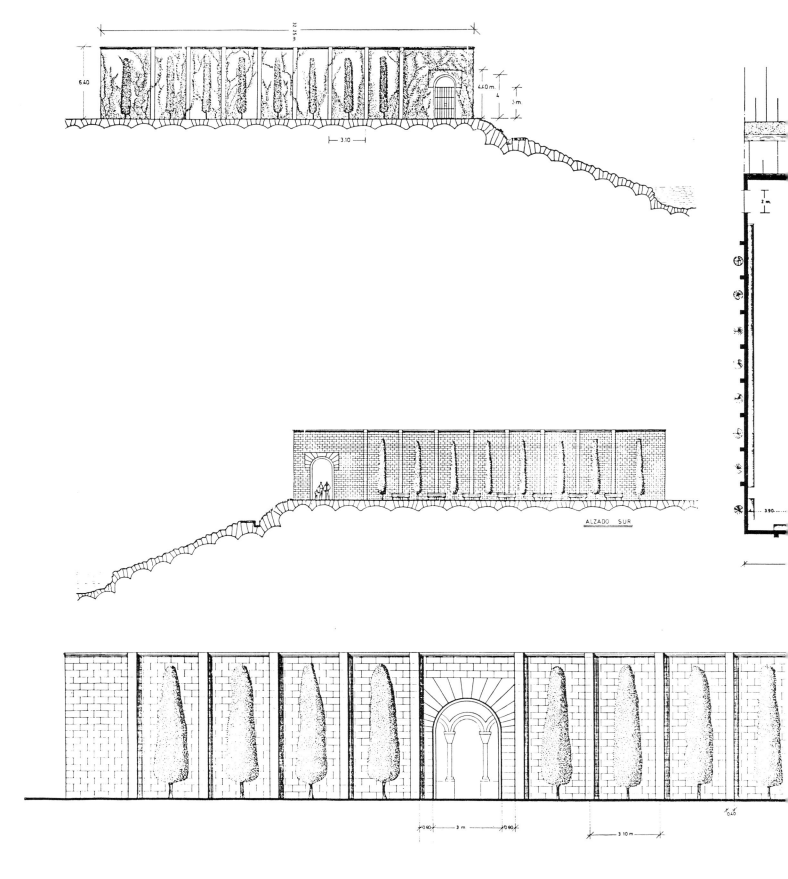

ALZADO SUR

78

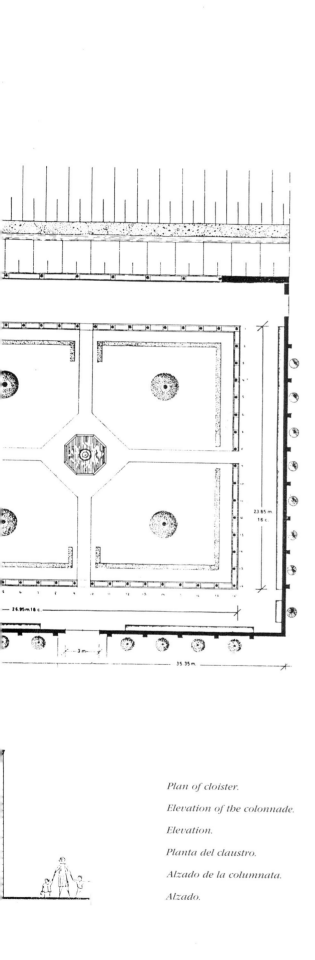

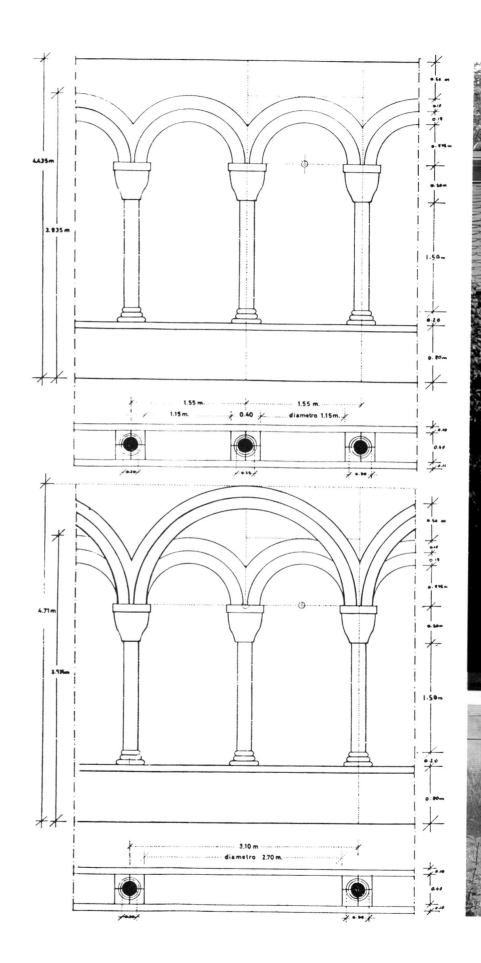

Plan of cloister.

Elevation of the colonnade.

Elevation.

Planta del claustro.

Alzado de la columnata.

Alzado.

Beach Park

Williams, Asselin, Ackaoui et Associés

Completion date: 1990
Location: Montreal, Canada
Client/Promoter: Parks Department, Montreal City Council
Collaborators: Reeves et Associés (architects)

Beach Park is located on Notre Dame Island — one of the islands in the St Lawrence River used for the 1967 Universal Exposition — only a few minutes from the centre of Montreal. This space provides facilities for bathing, swimming and other recreational activities for 5,000 people a day, many of whom have no other access to a beach environment.

Williams, Asselin, Ackaoui et Associés is a multidisciplinary team offering services in the fields of landscape architecture, urban design, urban planning and environmental studies. The company is composed of some ten professionals with experience at all project stages. The team's experience in landscape and urban design projects ranges from squares and plazas to urban and regional parks. The companies directors are Ron Williams, Architect and Landscape Architect with many years' professional experience, Vincent Asselin, Landscape Architect, Malaka Ackaoui, Landscape Architect and Urban Planner, and Sachi Williams, Executive Director. The other employees are landscape architects, technical engineers and administrators. Their most significant projects for urban spaces include: the Regional Park Chutes in St. Béatrix, Quebec; Westmount Park, Quebec; the Waterfront Parks in Laval, Quebec; and the Tropics North Condominiums in Montreal. They have received many prizes, of which we will mention only those awarded for Beach Park: the 1990 Canadian Society of Landscape Architects' National and Regional Honour Awards; the Canadian Award for Environmental Excellence, 1991; and The Orange Award from Montreal's Heritage Society, 1990.

Partial view of the lake.

Vista parcial del lago.

The idea to create a park was first proposed in the thirties by the landscape architect Frederick Todd, when he designed a park for Saint-Helen Island. The Parks Department of Montreal recently brought this idea back to life as part of an overall plan to revitalise these island parks for cultural and recreational activities.

The beach is surrounded by a park area consisting mainly of an extensive lawn where visitors can picnic, relax or play casual games. The beach and sand area is separated from the lawn by a five-metre-wide concrete path with a granite kerb. As well as ensuring that the sand does mix with the grass, this promenade also serves to link the entire site for pedestrians and services.

A bathing pavilion, *The Chalet*, terminates the axis of the lake. This building provides services such as first aid, sanitary installations and changing rooms on the ground floor, with a large cafeteria and dining hall on the upper floor. It has a splendid view of the beach all along the lake. The other major building is the sailing school, which also enjoys an excellent view of the park and its surroundings. A small gatehouse and rain shelter, as well as a secondary washroom and shower building complete the structures on the site.

Beach Park has a unique design based on the use of natural processes to achieve the project's main objectives, particularly those concerning the treatment of water and the maintenance of water quality. The park was intended to be a natural lake rather than a giant swimming pool, and a "soft technology" approach has been used instead of dealing with the problem of water purification with conventional methods, such as chlorination. Techniques more compatible with natural systems have therefore been used, such as: dilution with water pumped from the river; aeration; removal of water from the beach area by induced currents; the use of "filter lakes" with aquatic plants; sand filtering and ultraviolet radiation.

The first step is the dilution of water in Lake Régates with water from the St Lawrence River. The next step is aeration; the air is introduced

Detail of the plants.

A parterre.

The treated water entering the beach.

Detalle de la plantación.

Un parterre.

Entrada del agua tratada a la playa.

into the water, both in the swimming area and in the adjacent Lake Régates, by means of three types of aerators. Oxygen-rich water assists in
the breakdown of pollutants by aerobic bacteria, avoids stagnation and
keeps the water clear. The aerators are supplied with air by compressors
and blowers mounted on concrete pads along the banks of the lake.

The most original aspect of the project is the use of four filter ponds
containing aquatic plants which remove pollutants from the water. It is a
highly innovatory technique, ideal for use in a recreational installation of
this nature. It is based on research into natural water purification methods
by agencies like NASA. Natural environments have, in fact, been using this
method for millions of years.

The plants are all native to Quebec, and have been carefully chosen
for their ability to eliminate water contamination agents. They include *Iris
versicolor*, *Typha latifolia* and *Phragmites communis*. Disinfection takes place
in the Water Treatment Station. The water passes through five sand fil-
ters which remove fine suspended solids. It is subsequently treated by
five banks of ultraviolet sterilisers which eliminate bacteria and viruses.
Ultraviolet was chosen as it leaves no polluting residue in the water, as
does chlorine. The treated water is then pumped to the bathing area,
which it enters through a naturalistic rocky stream. The combined use of
these various methods in the appropriate sequence constitutes a totally
autonomous system in harmony with the area's ecology.

This project was considered to be economically viable, and the cost-
benefit study showed that it was actually the cheapest method. It was
therefore the logical choice in terms of both its efficiency and its economic advantages.

The use of these "sustainable development" principles makes this park
in urban surroundings a unique facility. It thus avoided adding large quantities of chorine to the lake, which would eventually end up in the St Lawrence River. Beach Park has both the appearance of a natural beach and
the ecological composition of a natural lake possessing a diverse flora and
fauna.

A parterre.

Un parterre.

El parque de la playa está localizado en la isla de Notre Dame —una de las islas del río San Lorenzo que fue utilizada en la exposición universal de 1967—, a pocos minutos del centro de Montreal. Este espacio proporciona la posibilidad de bañarse, nadar y realizar otras actividades lúdicas a 5.000 ciudadanos al día, muchos de los cuales no tienen otro posible acceso a la costa.

Williams, Asselin, Ackaoui et Associés es un equipo multidisciplinar que ofrece sus servicios en el terreno del paisajismo, urbanismo, planeamiento y estudios medioambientales. La empresa se compone de unos diez profesionales experimentados que abarcan todas las fases proyectuales. La experiencia del estudio en urbanismo y paisajismo se extiende desde las plazas hasta los parques urbanos y regionales.

Los directores de la empresa son: Ron Williams, arquitecto y paisajista con largos años de experiencia como profesional; Vincent Asselin, paisajista; Malaka Ackaoui paisajista y urbanista; y Sachi Williams, director ejecutivo. El resto de los asociados son paisajistas, ingenieros técnicos y administrativos. Entre sus intervenciones más destacadas en espacios abiertos podemos citar: el parque regional Chutes en St. Béatrix, Quebec; el parque en Westmount, Quebec; los parques marítimos en Laval, Quebec; y el ajardinamiento de Tropics North en Montreal. Han recibido un buen número de premios, de los que mencionaremos únicamente los que han recaído en el parque de la playa: el premio regional y nacional de la Sociedad Canadiense de Paisajistas; el premio extraordinario medioambiental, de Medio Ambiente Canadá; y el premio naranja de la Sociedad del Patrimonio de Montreal.

La idea de crear una playa partió en los años treinta del paisajista Frederick Todd, que proyectó el parque de la isla de Saint-Helen en aquel tiempo. El departamento de parques de Montreal resucitó recientemente esta idea como parte de un plan global de revitalización de los parques en estas islas para actividades culturales y recreativas.

La playa está circundada de un área de parque que consiste principalmente en una extensa mancha de césped donde los visitantes pueden tomar un pic-nic, relajarse o practicar diferentes deportes. La playa y la zona de arena que la abraza está separada del césped por una banda de cinco metros de ancho de hormigón, encintada con granito, que evita que uno se mezcle con el otro. Este paseo permite a su vez conectar peatonalmente toda la intervención y los servicios que la integran.

El pabellón de los bañistas, el *Chalet*, corona el eje del lago. El edificio provee de servicios de primeros auxilios, instalaciones sanitarias, vestuarios en la planta baja, así como una gran cafetería y salón comedor en la parte superior. Desde allí se ofrece un panorama espléndido de la playa y se abarca toda la extensión del lago. La otra construcción dominante es la escuela de navegación. También disfruta de una vista excelente del parque y de los alrededores. Una pequeña caseta a la entrada y un abrigo para la lluvia, así como un cuerpo secundario de servicios y duchas completan las estructuras del lugar.

El diseño del parque de la playa es único y está basado en el uso de procesos naturales para conseguir los principales objetivos del proyecto, en particular aquellos que conciernen al tratamiento del agua y el mantenimiento de su calidad. El carácter deseado para la playa era el de un lago natural y no de una piscina gigantesca, por lo cual se ha utilizado una tecnología blanda en vez de acometer el problema con métodos convencionales de purificación del agua, como la cloración de un parte del volumen del líquido. En lugar de eso se han empleado una serie de técnicas más compatibles con los sistemas naturales como: la dilución con agua

bombeada del río, la aireación, la remoción del agua de la zona de la playa mediante corrientes inducidas, el uso de lagos de filtro con plantas acuáticas, la filtración con arena y las radiaciones ultravioletas.

El primer paso fue la dilución del agua del lago Régates con la del río San Lorenzo. El siguiente paso fue la aireación: el aire se insufló en el agua mediante tres tipos de espitas, tanto en la zona de baño como en el adyacente lago Régates. Un medio oxigenado contribuye a la eliminación de los contaminantes por medio de las bacterias aeróbicas, evita el estancamiento y mantiene el agua clara. Las espitas reciben el aire de compresores recibidos en plataformas de hormigón a lo largo de las orillas del lago.

El aspecto más original del proyecto es el uso de cuatro charcas de filtro donde crecen plantas acuáticas que suprimen las sustancias nocivas del agua. Se trata de una técnica muy innovadora susceptible de emplearse en una instalación recreativa de esta naturaleza. Está basada en investigaciones en torno a medios naturales de purificación del agua procedentes de agencias como la NASA. De hecho, la naturaleza ha venido usando este método desde hace millones de años.

Las plantas utilizadas, todas ellas procedentes de la zona de Quebec, han sido cuidadosamente escogidas en función de su capacidad de eliminar agentes contaminantes del agua. Entre ellas están la Iris versicolor, Typha latifolia y la Phragmites communis. La desinfección tiene lugar en la estación de tratamiento. El agua pasa por cinco filtros de arena que retienen los finos sólidos suspendidos. Acto seguido se somete a cinco bancos de esterilizadores ultravioletas que eliminan las bacterias y los virus. Los rayos ultravioletas se eligieron porque no dejan residuo contaminante alguno en el agua, como lo hace el cloro. Después de esta operación la bomba envía el agua tratada hacia la zona de baño, que entra como si fuese una corriente natural entre rocas. El uso combinado de estos métodos diversos en la secuencia apropiada constituye un sistema en equilibrio con la ecología del lugar y totalmente autónomo.

Esta intervención se estimó viable económicamente. El estudio de los costes y los beneficios mostró que era el método más barato. De este modo su coherencia queda reforzada no sólo por su eficiencia, sino también por sus ventajas económicas.

El uso de estos principios de acción hace de este parque enclavado en un entorno urbano una instalación única. Se ha evitado así añadir un gran volumen de cloro que, añadido al lago, hubiera acabado finalmente en el río San Lorenzo. El parque de la playa resultante ofrece tanto una apariencia de playa natural, como una composición ecológica de lago natural poseedor de su propia flora y fauna.

Filter pond.   *Charca de filtro.*

Filter pond.   *Charca de filtro.*

Detail of the plants.   *Detalle de la plantación.*

General view of the beach and promenade.   *Vista global de la playa y del paseo.*

The promenade and beach.   *El paseo y la playa.*

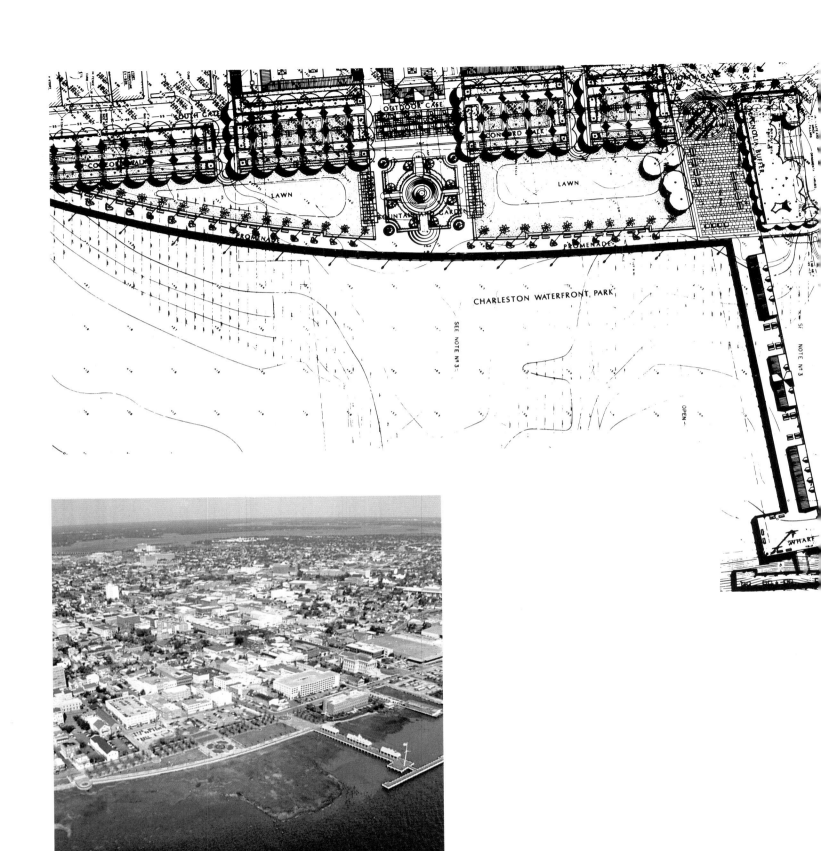

The Charleston Waterfront Park

Sasaki Associates

Completion date: 1990
Location: Charleston, South Carolina, USA
Client/Promoter: Charleston City Council
Collaborators: The Town Planning, Parks and Engineering Departments of
Charleston City Council; Ruscon Construction Company
(construction)

Before Charleston's mayor, Joe Kiley, commissioned Sasaki Associates to remodel the city's waterfront, this location was going to be a
landing for pleasure craft, which would have meant that it would only have
been enjoyed by a privileged few. When it was identified as the last stretch
of undeveloped waterfront in the whole of the Charleston peninsular, it
had been relegated to the function of a car park. The idea to provide
access for everybody to the water, creating *"something for people who
couldn't afford boats,"* finally prevailed. An attractive public space was to
be the first step in the general reordering of the city's run-down waterfront, which would also serve as a connection between the historical district and the River Cooper.

Sasaki Associates was founded by the landscape architect Hideo Sasaki
in 1953, while he was still working as a teacher at the Harvard University
Graduate School of Design. Sasaki's first professional team included town
planners and landscape designers he had met at the university. As the
studio grew, he employed architects, civil engineers, town planners and
environmental scientists, and last to join the group were interior and
graphic designers. They have offices in Boston, Dallas, Los Angeles and
San Francisco, and have been affiliated with the Swiss consultancy Suter
& Suter, with offices all over Europe, since 1988. Sasaki Associates has
been responsible for plans and designs for university campuses, resorts

Master Plan.

*Aerial view of the Waterfront Park and
Charleston.*

Plano general.

*Vista aérea del Parque Ribereño y la
ciudad de Charleston.*

and leisure developments, urban environments, roadway and transportation projects, waterfronts, new communities, corporate headquarters, parks, gardens and other public spaces. Some of the projects by this team which have received awards include: the Reston Town Center, Reston, Virginia; the Deere & Company Administrative Centre, Moline, Illinois; the Cleveland Gateway Sports District, Cleveland, Ohio; the Brambleton Town Center, Loundoun County, Virginia; Pennsylvania Avenue in Washington DC; Harbour Town, Sea Pines Plantation, Hilton Head Island, SC; and the Enid Haupt Garden, Smithsonian Institute, Washington DC.

The objectives of Sasaki's special plan for Charleston's Waterfront were: to create a major open space providing access to River Cooper; to create surroundings encouraging participation and in keeping with the scale and styles of the district's colonial architecture; to protect and stimulate the riverbank's sensitive ecology; to do away with unnecessary car parks, streets and installations; and to make people more aware of the waterfront's historical, cultural and geographical importance.

There were serious geotechnical problems due to the instability of the soil. Apart from the marshy riverbank, the site was almost entirely composed of infill material. Part of this soil had been brought here before the American Civil War, when Charleston was a prosperous river port. It was therefore necessary to compress this by surcharging the site with a 2.5-m layer of sand in order to reduce subsidence, as well as draining the site with a network of wick drains. It was also necessary to raise the park above the highest flood level registered this century. The heaviest elements, however, such as the fountains and plazas, had to be constructed on foundations consisting of piles of up to 18 m (60 ft). Highly adverse environmental conditions, such as the area's strong winds and tides, had to be taken into consideration when designing all the elements. Sasaki worked closely with the Coastal Council to protect the riverbank's natural salt marshes, and over two hectares (five acres) were eventually gained for the park, not including the marshes.

One of Sasaki's first actions was to transfer parking facilities on the site of the future park to nearby car parks, also designed by the studio in keeping with the historic architectural context. Four blocks on Concord Street — the boundary between the park and the city — were also closed off to traffic, creating a pedestrian precinct with shops and cafés. The municipal authorities insisted that Sasaki use Charleston's architecture as a model for the park, and this can effectively be seen in the style of the project's fences, railings, roofing, porches and gardens. The project brings together the edge of the city, its internal street and the river.

The waterfront park has an open character, with extensive views over the historic Fort Sumter, Pinckney Island and the opposite bank. A promenade over 360-m (1,200 ft) long runs alongside the River Cooper. A 120-m (400 ft) pier ending in a 90-m (300 ft) perpendicular jetty completes this more exuberant side of the park. The part bordering the city, on the other hand, offers a more intimate and sheltered environment; densely planted oak trees provide shade for a series of paths, seated areas and small gardens, each with an individual design. The layout prolongs the line of view along the streets crossing the park, maintaining the views of the river from within the city. The area as a whole was intended to encourage participation rather than contemplation; the jetty for fishing, the fountains — the Pineapple and Vendue Range — for paddling, benches and swings in the shade for resting and talking. There are also spaces to hold temporary art exhibitions, and bronze plaques informing visitors of Charleston's history.

Six months before the park was due to open, the construction works were put to the test by Hurricane Hugo. All the elements remained intact, although most of the vegetation was lost. Today the popularity of Charleston Riverside Park has surpassed the most optimistic expectations, and has become a vital and highly valued element in the urban landscape.

While the park's waterfront overlooks the sea, the spaces near the city are more secluded.

The former parking lot is today a public park.

Mientras en la orilla el parque se abre al mar, junto a la ciudad los espacios son más íntimos.

La antigua explanada de aparcamientos es hoy un parque público.

Antes de que Joe Kiley, alcalde de Charleston, encargara a Sasaki y Asociados la remodelación del frente fluvial de la ciudad, se había pensado dedicar este emplazamiento a un puerto deportivo, lo que hubiera limitado su disfrute a unos pocos privilegiados. Cuando fue identificado como el último segmento de orilla por explotar en toda la península de Charleston, se encontraba relegado a la función de aparcamiento. Finalmente, prevaleció la idea de facilitar el acceso al agua a todos los ciudadanos, creando «algo para quienes no se pueden permitir tener un barco». Habría de ser un espacio público atractivo y que significara el primer paso en la reordenación general de la franja costera de la ciudad, ostensiblemente deteriorada, sirviendo además de nexo entre el distrito histórico y el río Cooper.

Sasaki Asociados fue fundado por el arquitecto paisajista Hideo Sasaki en 1953, cuando era profesor de la Escuela Superior de Diseño de la Universidad de Harvard. Su equipo profesional inicial incluía urbanistas y paisajistas que habían sido compañeros de Sasaki en la universidad. Con el crecimiento del estudio, se incorporan arquitectos, ingenieros civiles, urbanistas y científicos especializados en el medio ambiente; los últimos en sumarse a este grupo han sido algunos interioristas y diseñadores gráficos. Cuentan con oficinas en Boston, Dallas, Los Ángeles y San Francisco. Desde 1988 están afiliados a Suter + Suter, asesoría de origen suizo y con oficinas en toda Europa.

Sasaki Asociados ha realizado la planificación y el diseño de campus universitarios, complejos turísticos y de ocio, entornos urbanos, carreteras, infraestucturas de transporte, frentes costeros, nuevas comunidades, sedes corporativas, parques, jardines y otros espacios públicos. Entre las obras premiadas debidas a este equipo se encuentran: el centro urbano de Reston, en Reston, Virginia; el centro administrativo de Deere Company, Moline, Illinois; el distrito deportivo Cleveland Gateway, Cleveland, Ohio; el centro urbano de Branbleton, Loundoun County, Virginia; la avenida Pensilvania, Washington DC; el Harbour Town, Sea Pines Plantation, Hilton Head Island SC o el Eind Haupt Garden, Smithsonian Institute, Washington DC.

Los objetivos pretendidos por Sasaki en su plan especial para el Parque ribereño de Charleston son: formar un espacio abierto y significativo que facilite el acceso al río Cooper; crear un entorno que invite a la participación y armonice con la escala y formas de la arquitectura colonial del distrito histórico adyacente; proteger y potenciar la sensible ecología de la orilla; eliminar aparcamientos, calles e instalaciones aéreas innecesarias; conseguir mayor concienciación sobre la importancia histórica, cultural y geográfica de la franja costera.

La inestabilidad del suelo provocó severos problemas geotécnicos. El solar consistía casi por entero en material de relleno, a excepción de las

marismas de la orilla. Parte de esta tierra había sido aportada antes de la Guerra de Secesión americana, época en que Charleston era un boyante puerto fluvial, salpicado de muelles y almacenes. Fue necesario, por tanto, sobrecargar el terreno con una capa de arena de unos 2,5 m para comprimirlo, de cara a reducir asentamientos posteriores, además de un drenaje completo empleando una red capilar. Se exigió también la elevación del parque a la cota de la mayor riada registrada en la última centuria. Aún así, los elementos más pesados introducidos, como las fuentes y las plazas, requirieron una cimentación por pilotaje —pilotes de hasta 18 m—. Hubieron de considerarse condiciones ambientales muy adversas, como los fuertes vientos y mareas de la zona, en el diseño de todos los elementos. Sasaki trabajó estrechamente con el Consejo Costero para proteger los pantanos naturales de la orilla, ganándose al final del proceso más de dos hectáreas de superficie para parque, excluidas las marismas.

Una de las primeras medidas de Sasaki fue trasladar los vehículos estacionados en la zona del futuro parque a edificios de aparcamientos diseñados por su estudio en las inmediaciones, armonizando con el contexto arquitectónico histórico. Al mismo tiempo se cerraron al tráfico cuatro manzanas de Concord Street —límite entre el parque y la ciudad—, destinando el recinto a tiendas y cafés. Las autoridades municipales insistieron a Sasaki para que tomara como modelo para el parque la arquitectura propia de Charleston, y, efectivamente, esto se refleja en las vallas, fuentes, b.. andillas, cubiertas, porches y jardines del proyecto, vertebrado entre el borde urbano, su calle interior y el río.

El carácter del parque junto al río es abierto, con amplias vistas sobre el histórico Fort Sumter, Pinckney Island y la orilla opuesta. Un paseo de más de 360 m discurre paralelamente al borde del río Cooper. Un muelle de unos 120 m, rematado en un malecón perpendicular de 90 m, completa esta mitad más extrovertida del parque. En cambio, la parte que linda con la ciudad ofrece un ambiente de mayor intimidad y protección: una tupida arboleda de robles de hoja ancha dan sombra a una serie de veredas, zonas para sentarse y pequeños jardines diseñados individualmente. La composición prolonga las perspectivas de las calles que intersectan con el parque, con lo que se conservan las vistas al río desde el interior de la ciudad. Todo ello se concibe para la participación más que para la contemplación: el malecón donde pescar, las fuentes —de la Piña y de Vendue Range— donde chapotear, bancos y columpios a la sombra donde descansar y conversar. Se han establecido también puntos para exposiciones temporales de obras de arte y se han instalado placas de bronce que ilustran al visitante sobre la historia de Charleston.

A seis meses de la fecha prevista para la apertura del parque, el huracán Hugo puso a prueba la construcción. Resultaron inactos todos sus elementos, pero la mayor parte de la vegetación se perdió. Hoy, el Parque ribereño de Charleston goza de una popularidad que rebasa las expectativas más optimistas, habiéndose convertido en un elemento vital y muy valorado del paisaje urbano.

The waterfront promenade, with the marshes.

Close-up of the fountain, with the structures on the pier providing shade.

Fachada al mar del paseo, con las marismas.

Primer plano de la fuente, con las estructuras que dan sombra en el muelle.

Amendola Park

Cesare Leonardi

Completion date: 1986
Location: Modena, Italy
Client/Promoter: Modena Council
Collaborators: Franca Stagi

The Amendola urban park encompasses an extensive 26-ha area to the south of the city of Modena. The project was redesigned and its boundaries changed several times during planning, but the initial outline and concept of the park have been retained.

Cesare Leonardi (Vignola, 1935) studied Architecture at the University of Florence, graduating in 1970 with a final year project on the design of green areas. He is also a painter and photographer. Franca Stagi (Modena, 1937) qualified as an architect from Milan Polytechnic in 1962, and founded a professional studio with Cesare Leonardi the same year. The studio provides services in the fields of architecture and town planning exclusively to public bodies and local authorities. They specialise in projects for community facilities, particularly for recreation and leisure (parks, sports complexes). The studio also works in the field of industrial design, and some of their designs are on display in collections in the Museum of Modern Art in New York, the Victoria and Albert Museum in London, and the Museum of Decorative Arts in Paris. Their most important works include the *Resistance* public park in Modena and the Vignola Centre, as well as the renowned Amendola Park under discussion here.

The site of the garden areas was surrounded by a disorderly built-up area and lacked character. The first version of the project attempted to compensate for this lack and give meaning to the whole composition by proposing to create a strong north-south axis independent of the surroundings.

Aerial view of the park's surroundings.

Vista aérea del entorno del parque.

95

The project consists of a series of elements on this north-south axis, starting with a planetarium. The others are: an amphitheatre with tiered hillside seating in the ancient Greek style; a 7,000-m^2 lake which closes the semicircle of the amphitheatre; a play area; a 50-m-high light tower with six fixed and three mobile searchlights which provide the park's main lighting; a small shelter covered in climbing plants which includes a bar, open-air terrace, services and stands; a second 5,000-m^2 lake; and a hill with a view, with a path running north-south. This and the other raised areas were constructed with earth from the lakes.

The park also offers parking for 500 cars, a restaurant and meeting point in an existing building, and play areas flanking the north-south axis at its beginning and end. The building housing the restaurant and meeting point has been extended, with an interesting radial pergola formed by six elements, a dance floor and an open-air theatre surrounded by tiered seating. Lastly there are small grass-covered mounds imitating the archaeological tells of the Near East and evoking sacred Baltic burial mounds. The provision of this relief is basic to the overall project, due to the large area covered and its search for a recognisable personality.

Amendola Park has a total area of 260,000 m^2, of which the paved surfaces of paths and rest areas take up 19,000 m^2 (7.5%), lakes supplied by a pumping station and supply well take up 12,000 m^2 (4.5%), 13,000 m^2 (5%) is for parking, and there is 216,000 m^2 (83%) of green areas in the form of grasslands, hills and mounds. Five hundred trees and one thousand five hundred bushes and shrubs of various species have been planted.

The park's furnishings consist of six fountains, twenty-five rubbish bins and extensive seating, all designed exclusively by the author. The seats are in an abstract design of cylinders of varying diameter, revealing an unsuspected recreational function.

The paving experiments with a playful design of circular, triangular, and trapezoidal shapes set in the grass, awakening the imagination of pas-

View of the lakeside with cylindrical seats.

Triangular paving in the path.

View of the lake.

Aerial view of the paths and rest areas.

Seated area by the paths.

Vista de la orilla del lago con cilindros-asientos.

Losas triangulares del sendero.

Vista del lago.

Vista aérea de los senderos y zonas de remanso.

Zona de asiento junto a los senderos.

sers-by and making each route followed a consciously creative act. As well as the light tower mentioned above, there are 60 three-metre-high lampposts placed all over the park. The light tower's three mobile searchlights are mounted at the top in a device that rotates, making one complete turn each hour. Its speed at a distance of 25 m is 2.61 m/minute and at 50 m, 5.23 m/minute. This device confers movement and life on the park and is unquestionably one of its most attractive features.

The park is designed around two main visual parameters, both of which are based on time. The temporal aspect of the park thus acquires the significance of the seasonal rites and ceremonies of Neolithic Europe. Firstly, the distribution and colour range of the plants used is based on their daytime and nighttime appearance. Secondly, the planting sites and species chosen take into account the seasonal changes in the vegetation, not only whether the trees and shrubs are deciduous or evergreen, but also their leaf and flower colour.

The park is not intended to be an unchanging physical entity. On the contrary, it is alive and perpetually changing. The design both responds appropriately to this change and clearly demonstrates a dialectic synthesis of natural and artificial elements.

El parque urbano de Amendola abarca una extensa área de 26 Ha al sur de la ciudad de Módena. En el transcurso de su realización, el proyecto ha pasado por diferentes fases de reelaboración, que sin embargo han sabido mantener la fisonomía y la esencia inicial del parque.

Cesare Leonardi (Vignola, 1935) estudia arquitectura en la Universidad de Florencia graduándose en 1970 con un proyecto sobre el diseño de las zonas verdes. Su campo de actividad se extiende también a la pintura y a la fotografía. Franca Stagi (Módena, 1937) obtiene el título de arquitectura en la politécnica de Milán en el año 1962. A partir de este mismo año, funda un estudio profesional con Cesare Leonardi. El estudio desarrolla su actividad en el campo arquitectónico y urbanístico, al servicio exclusivo de entes públicos y administraciones locales. Están especializados en proyectos de instalaciones colectivas, particularmente en las recreativas y de ocio (parques, complejos deportivos). El estudio desarrolla su actividad también en el terreno del diseño industrial. Sus objetos forman parte de las colecciones del Museo de Arte Moderno de Nueva York, del Victoria Albert Museum de Londres, y del Museo de las Artes Decorativas de París. Entre sus obras más importantes cabe destacar el proyecto de parque público de la Resistencia en Módena, el centro polivalente de Vignola, además del reputado parque Amendola que trata este artículo.

El solar destinado al ajardinamiento estaba cercado por una trama desordenada de edificación y por tanto adolecía de carácter propio. El primer proyecto presentado planteaba la creación de una fuerte dirección axial norte-sur en el diseño independiente del entorno, que trataba de suplir esta carencia y darle un sentido a toda la composición en sí misma. Este eje se conservó en el transcurso de todas las modificaciones de proyecto que se sucedieron, finalmente se conservó.

El proyecto realizado comprende alineados en dirección norte un planetario que encabeza la serie; una colina con un anfiteatro siguiendo la idea de los antiguos griegos de aprovechar la falda de la montaña para realizar las gradas; un primer lago de 7.000 m² que completa el semicírculo del anfiteatro; un espacio para juegos; una torre faro de 50 m de altura con seis proyectores fijos y tres móviles que constituye la ilumi-

Details of the paving and the furnishings.

Detalles del pavimento y del mobiliario.

nación principal del parque; un pequeño edificio de cubierta practicable vestido de plantas trepadoras que incluye bar, terraza al aire libre y otros servicios; un segundo lago de 5.000 m^2 de superficie; y una colina panorámica surcada de forma certera por el camino en dirección norte-sur. Ésta y otras elevaciones del terreno han sido construidas aprovechando el movimiento de tierras de los lagos.

El parque ofrece además aparcamientos para 500 automóviles, un restaurante con punto de encuentro instalado en un edificio preexistente y zonas de juegos que flanquean el eje norte-sur al principio y al final de éste. El edificio destinado al restaurante y a reuniones ha sido ampliado, creando una interesante pérgola radial de seis elementos, una pista de baile y un teatro al aire libre circundado de gradas. Por último conviene señalar la existencia de pequeñas lomas cubiertas de césped que remedan los *telles* arqueológicos del Próximo Oriente y a su vez poseen el carácter sagrado de los túmulos funerarios de los pueblos bálticos. La concesión de este pequeño relieve resulta fundamental en la visión global del proyecto debido a sus grandes dimensiones y a su búsqueda de un carácter propio.

De los 260.000 m^2 del parque Amendola, 19.000 m^2 (7,5%) son superficie pavimentada correspondiente a los senderos y a los lugares de reposo, 12.000 m^2 (4,5%) de lagos que son suministrados y apoyados por una estación de bombeo y un pozo de abastecimiento, 13.000 m^2 (5%) de aparcamientos, y 216.000 m^2 (83%) de superficie verde en forma de prados, colinas y lomas. Se han plantado 500 árboles de diverso tipo y 1.500 matos y arbustos pertenecientes a diferentes especies.

El mobiliario del parque está constituido por seis fuentes, veinticinco papeleras y un gran número de asientos, todo ello fruto del diseño exclusivo del autor. Los asientos se abstraen de tal forma que se convierten en cilindros de diversos diámetros y descubren una función lúdica no sospechada. La pavimentación juega libremente con formas circulares, triangulares, trapezoidales, dispuestas entre el césped, que despiertan la imaginación del viandante y convierten el trayecto en un acto consciente de creatividad motriz.

Además de la torre de iluminación ya nombrada, existen 60 puntos de luz constituidos por farolas de tres metros de altura repartidas por todo el parque. Los tres proyectores móviles del faro forman parte de una corona que rota sobre su eje, estableciendo un giro completo cada hora. Su velocidad es de 2,61 m/s a 25 m de distancia y de 5,23 m/s a 50 m de distancia. Sin duda, este elemento confiere un movimiento y una vida al parque que constituye uno de sus mayores atractivos.

El diseño del parque se plantea referido a dos parámetros principales de observación en los que subyace en último término el mismo elemento: el tiempo. Por esta razón la dimensión temporal del parque adquiere una

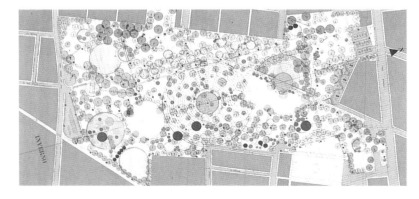

importancia propia de los ritos y ceremonias estacionales de la Europa del Neolítico. En primer lugar, se estudia su disposición espacial y cromática en función de su visión diurna y nocturna en sus planos respectivos. En segundo lugar, se diseñan los ambientes y se escogen las especies teniendo en cuenta la incidencia de las estaciones del año en la vegetación, no sólo en lo referido al carácter caducifolio o perenne de los árboles y arbustos, sino también al color, la tonalidad o floración de todos ellos.

El parque así concebido no es un entidad física pretendidamente invariable, muy al contrario, es un ente vivo y cambiante cuyo diseño responde de manera adecuada a esta mutabilidad, y al mismo tiempo muestra una clara integración dialéctica entre lo natural y lo artificial.

Ground plan.

The park illuminated by the light tower.

Planta general.

El parque iluminado por la torre-faro.

The Henry Moore Sculpture Garden

Dan Kiley

Completition date: 1988
Location: Kansas City, Missouri, USA
Client/Promoter: Nelson-Atkins Museum
Collaborators: Richard Pete (landscape architect), Jacquelin Robertson (architect)

This urban park is an interesting experiment, an extension of the Nelson Atkins Museum's exhibition space towards the exterior, towards nature. It is a park in its own right, and it also aims to be an advantageous setting for twelve large bronze sculptures by Henry Moore, the largest collection of his work in the United States. These are the intentions behind a project that has received several prizes, among them Kansas City's special award for urban design.

The main author, Daniel Urban Kiley (Massachusetts, 1912), studied design at Harvard University. During the Second World War he served in the US Army Office of Strategic Services, receiving the Legion of Merit. He opened his office in Charlotte, Vermont, in 1951. Over the more than 50 years of his career, Dan Kiley has carried out many projects and received a long list of prizes and awards. These include the first prize, shared with Eero Saarinen, in the competition for a monument to Jefferson in St. Louis (1947); first prize from the Federal Housing Association for his rearrangement of Capitol Park, Washington (1963); the Landscape Design Prize from the Housing and Urban Development Department, and the Landscape Design Prize from the American Institute of Architects for the housing development in Kenwood-Hyde Park, Chicago (1966); and the National Landscape Design Prize for the Ford Foundation Building in Washington (1990). His work has been shown in the New York Museum of Modern Art, in the Library of Congress, Washington and in many trav-

Aerial view of the museum and the park.

Vista aérea del conjunto del museo y el parque.

elling exhibitions throughout the US. He has given many lectures and formed part of many competition juries. His work has been features in many US and foreign publications, including two numbers of "Process: Architecture" devoted to his work.

This large park's design was the result of close collaboration between the architect Jacquelin Robertson, and landscape designers Dan Kiley and Richard Pete. The park's seven hectares considerably increased Kansas City's green areas. The program for the project included drawing up a special plan for the roads and adjacent properties, to extend the museum's garden south and west.

Half the park's current seven hectares is organized as a thematic and visual extension of the museum's late neoclassical architecture. The ordered succession of spaces starts from the symmetry of the building's south facade, creating a strong visual axis with a background to the east and west of orderly groups of ginkgoes and limes with red branches. The classical, formal nature of this central space contrasts with the adjacent areas, with their informal vegetation and varied contour.

A large perron leads from the museum's entrance portico to a rectangular green tapestry of lawn, bordered on both sides by circular seasonal flower beds, also surrounded by lawn with bedding plants in their centre. Each of the beds forms the starting point, on an axis with the museum's lateral pavilions, for one of the two stepped pathways that form the backbone of the garden. There are ten lines of ginkgoes planted in staggered rows and divided into five rectilinear terraces with lawns. These terraces, separated by slopes planted with dark green yews, shape the terrain into orderly tiers and lead to a cross path paved in stone, at approximately one third of the length of the park. From this point onwards, the stepped pathways turn into flagstone paths set in the grass that descend a slight slope to the end of the park.

This orderly topography becomes more lively due to the different areas of lawn, the topiary yews, and the pavements and paths that form

View of terraces separated by the dark green Japanese yews and stepped pathway.

Close view of the sloping terraces and the ginkgoes with the yews surrounding them.

One of the Henry Moore sculptures located on the terraces.

Detail of the paving of the stone crosswalk.

Aerial view of the museum's south facade, the terraces with ginkgoes and the rows of lime trees.

Vista de las terrazas, separadas por tejo de color verde oscuro, y el paseo lateral escalonado.

Detalle del terreno descendente, con las terrazas y los ginkos enmarcados por el tejo.

Escultura de Henry Moore situada en una de las terrazas.

Detalle del pavimento del sendero de piedra que atraviesa el parque.

Vista aérea de la fachada sur del museo, las terrazas de ginkos y las hileras de tilos.

changing patterns of light and shade. It is possible to see this part of the garden as a whole, due to its clear design; but this view is defined and structured by the regularity of the tree trunks.

This axial garden is balanced on both sides by more informal and intimate spaces. Two small temples with latticework covered in vines located at the base of the terrace serve as the start and finish to the cross path. The temples are formal entrances to a surprisingly diverse and irregular topography, that is crisscrossed with winding gravel paths. Each of the eight sculptures in this section is sited in a way that gives passersby a sensation of discovery, and displays the piece admirably.

It is worth pointing out Dan Kiley's skill, in his works, at awaking people's awareness of the relationship between humanity and nature, and at the same time his works maintain a joyous, playful and exciting feeling. Furthermore, in this Henry Moore Park, the author combines experience and imagination to create a peaceful refuge, an urban landmark in which nature and construction reach a balance as a home, an open-air museum, for art in the form of sculpture.

Este parque urbano es un interesante experimento de prolongación del espacio de exhibición del museo de Nelson-Atkins hacia el exterior, hacia la naturaleza. Posee un valor intrínseco como parque y, además, intenta albergar de forma conveniente doce grandes esculturas de bronce de Henry Moore que representan la mayor colección de dicho artista en EE UU. Estos son los puntos de partida de un proyecto que ya ha recibido diversas distinciones, entre las que destaca el premio extraordinario al diseño urbano de la ciudad de Kansas.

Su principal autor, Daniel Urban Kiley (Massachusetts, 1912) cursa estudios de diseño en la Universidad de Harvard. Una intervención activa en la Segunda Guerra Mundial, en la Oficina de Servicios Estratégicos del ejército estadounidense, le vale la Legión al Mérito. A partir del año 1951 establece su estudio profesional en Charlotte, Vermont. Durante su dilatada carrera profesional, que abarca más de 50 años, Dan Kiley ha realizado numerosos proyectos y ha recibido una larga lista de premios y distinciones. Entre éstos cabe mencionar el primer premio (compartido con Eero Saarinen) en el concurso para un monumento a Jefferson en Saint Louis; el primer premio de la Asociación Federal de la Vivienda por la reordenación del Parque Capitol en Washington; el premio de paisajismo del Departamento de la Vivienda y el Desarrollo Urbano; el del Instituto Americano de Arquitectos por la urbanización de viviendas del Parque de Kenwood-Hyde en Chicago; y el premio Nacional de Paisajismo por el edificio de la Fundación Ford en Washington.

Su obra ha sido expuesta en el Museo de Arte Moderno de Nueva York, en la Biblioteca del Congreso de Washington y en exposiciones itinerantes en EE UU. Ha impartido numerosas conferencias y formado parte de muchos jurados para concursos. Finalmente, su obra ha sido ampliamente recogida en publicaciones de EE UU y de otros países, incluyendo dos números monográficos de «Process Architecture».

El diseño de este extenso parque ha sido el resultado de una estrecha colaboración entre los paisajistas Dan Kiley y Richard Pete y la arquitecta Jacquelin Robertson. Sus siete hectáreas de superficie suponen un incremento considerable de zonas verdes para la ciudad de Kansas. El programa del proyecto incluía la elaboración de un plan especial para el entorno viario y las propiedades adyacentes, ampliando el jardín del museo hacia el sur y hacia el oeste.

All the elements are disposed in symmetry but give a peaceful feeling, emphasized by the neo-classical facade of the Nelson-Atkins museum of Art.

The presence of the sculptures is highlighted by a thoughtful presentation.

Symmetry and organized display are the basis of this intervention.

The museum's neoclassical facade has mostly determined the layout of the park.

The terraced avenue lined with trees serves as one of the museum entrances.

Todos los elementos están dispuestos simétricamente, pero dan una gran sensación de calma, enfatizada por la solemnidad de la fachada neoclásica del Museo de Arte Nelson-Atkins.

La presencia de las esculturas queda magnificada por una cuidada presentación.

La simetría y el orden son fundamentos primeros de la intervención.

La fachada neoclásica del museo ha determinado en gran medida la ordenación del parque.

El escalonado paseo arbolado sirve de acceso para una de las entradas del museo.

La mitad de las siete hectáreas del parque actual se organiza como una extensión visual y temática del neoclasicismo tardío presente en la arquitectura del museo. La sucesión ordenada de espacios se origina en la simetría de la fachada sur del edificio, y crea una fuerte perspectiva axial enmarcada a este y oeste por agrupaciones ordenadas de ginkos y tilos de ramas rojizas. El formalismo clásico de este espacio central contrasta con las áreas contiguas de mayor relieve y vegetación informal.

Desde el pórtico de entrada del museo, una amplia escalinata conduce a un tapiz rectangular de césped, flanqueado a ambos lados por parterres circulares también rodeados de césped, con una plantación central de flores de temporada. De cada uno de los parterres y a eje con los pabellones laterales del museo nacen los dos paseos escalonados que vertebran el jardín. Se han dispuesto dos filas de ginkos plantados al tresbolillo repartidos en cinco terrazas rectilíneas de césped. Estas terrazas, separadas por taludes plantados con tejo de color verde oscuro, esculpen el terreno en gradas ordenadas y vienen a desembocar en un camino transversal pavimentado en piedra, aproximadamente a un tercio de la longitud total del parque. A partir de este punto, los paseos escalonados se convierten en caminos de losas de piedra entre césped, que bajan en ligera pendiente hacia el final del parque.

Esta topografía ordenada cobra vida a través de los diferentes tipos de césped, las plantaciones de tejo en forma de arbusto, los despieces de pavimentación y de los caminos y los juegos cambiantes de luz y sombra. Es posible una visión global de esta parte del jardín dada su transparencia; visión que queda, sin embargo, definida y estructurada por el ritmo regular de los troncos de los árboles.

Este jardín axial está equilibrado a ambos lados por espacios más íntimos e informales. Dos templetes enrejados cubiertos de parras coronan el principio y el fin del camino transversal en la base de la terraza. Estos templetes sirven de entradas formales a una topografía irregular, de variedad sorprendente, surcada por senderos sinuosos de grava. Cada una de las ocho esculturas situadas en esta zona se dispone de tal forma que potencia en el transeúnte la sensación de descubrimiento y permite su visión óptima.

Es interesante destacar la habilidad que posee Dan Kiley para, a través de sus obras, despertar la conciencia pública hacia una relación entre el hombre y la naturaleza, manteniendo a la vez en ellas un sentimiento lúdico, alegre y excitante. En este parque de Henry Moore, el autor combina, además de su experiencia e imaginación para crear un refugio apacible, un hito urbano en el cual la naturaleza y la edificación encuentran un equilibrio para dar albergue, a modo de museo al aire libre, al arte en forma de escultura.

View of the terraced side walkway with the ginkgo plantation in the foreground and staggered rows of limes in the background.

All the elements are disposed in symmetry.

Vista aérea del paseo lateral escalonado con ginkos en primer plano y tilos en segundo plano.

Todos los elementos están dispuestos simétricamente.

Tsuen Wan Parks
Denton Corker Marshall

Completion date: 1985
Location: Tsuen Wan, Hong Kong
Client/Promoter: Hong Kong Government

Tsuen Wan new town is a residential suburb of the "chrome inferno" that is Hong Kong, and its population density is unequalled in the world. The Tsuen Wan Parks are an admirable attempt to create a system of open spaces where there were none, and where there was apparently no room for them.

Denton Corker Marshall is a multidisciplinary company of architects, landscapers, town planners and interior designers. It was founded in 1972 and now has a staff of more than 150, with offices in Sydney, Melbourne, Hong Kong, Djakarta, London, Singapore and Tokyo. Adrian Duncan Pilton (UK, 1947) studied architecture at the University of Belfast and received a master's in Landscape Architecture from the University of Edinburgh, and he is now in charge of all the company's landscaping activities. He worked with Cairns and Associates in Belfast and Edinburgh and with Bligh Jessup Bretnall in Brisbane, Australia before he entered Denton Corker Marshall in 1975. He is a specialist in urban and landscape design, and acts as project manager. He has participated in a wide range of projects including the First Government House Development in Sydney, the Australian Embassies in Beijing and Tokyo, the Australian War Memorial, the approaches to the New Parliament House in Canberra, and prize-winning projects like the John Knight Park, also in Canberra. He has also received many awards from the Australian Institute of Landscape Architects and the Royal Australian Institute of Architects. He has been guest lecturer in Australia and abroad, and has held positions of responsibility in several professional associations.

The scheme was an aesthetic break with the surrounding forms.

La intervención supuso una ruptura estética con las formas del entorno.

Tsuen Wan was the first of the new towns built in Hong Kong. During the years immediately after the Second World War the whole of China was in a state of confusion. One of the consequences of this situation was massive emigration from the south of China to the British colony of Hong Kong, which until then had been an active but very small outpost. Enormous pressure was placed on the colony's infrastructure, and as a result the main concern of the planning authorities was simply to house the maximum number of people as quickly as possible. The problem was resolved by standardised designs for apartment blocks, located on flat ground obtained by bulldozing the site's original relief. In view of this attitude it is not surprising that open and green spaces were ignored in the planning of these new towns.

When the colony became prosperous environmental awareness increased. One of the first tasks of the *pioneer* landscape designers was to prepare Master Plans to alleviate the degraded new towns. The construction of the underground railway system in Tsuen Wan brought the opportunity to develop a system of open spaces, and the Australian company Denton Corker Marshall was commissioned to design a series of six urban parks.

The brief for the parks included active and passive recreational areas on very difficult sites. The best example to show the complexity of the commission is the Tin Hau Temple Gardens. The plan included a basketball court, an amphitheatre, a children's playground and a toilet block, all on a 0.8 ha site, where they also had to include space for contemplation, privacy and solitude. Furthermore, the area was dominated by apartment blocks, had a steep slope and included a temple.

The rest of the sites were no less difficult. Some areas were elongated and narrow with a 45% gradient. There were areas that were located on underground railway station roofs, with only 60 cm of soil, and some areas were surrounded by busy highways. The soil in which plants were to be planted either did not exist or was covered in rubble.

Details of the pergola (Tai Wo Hau).   *Detalles de la pérgola (Tai Wo Hau).*

The area's climate is generally hot and humid, making shade a desirable element to include in the project. Special attention was paid to encouraging refreshing breezes from the south and west, and structures had to be built to withstand typhoons and heavy summer storms.

In addition to the purely practical aspects of the plan, one of the project's main design generators was an attempt to create an illusion of space by making the paths between the recreational installations wind like snakes, by using different levels and very dense planting to differentiate the areas.

Denton Corker Marshall deliberately broke with the aesthetics of traditional urban garden design. The simple forms of Confucian geometry — squares, circles and triangles — not only appear in the plan but also in the construction details of the park structures, including specially designed tree grates. The structures are reminiscent of the Takafumi Aida's toy block houses, and by their playfulness they contrast with the harsh reality of Tsuen Wan. These elements are repeated in different forms in the parks, like members of a family, in order to create some unity within the city's discontinuous open space system.

All the structures were designed for minimum maintenance and suitability for the harsh climate. All the retaining walls are in-situ concrete with plaster rendering in different colours. Primary colours were deliberately used, partly as signals, partly to contrast with the drab surroundings. The paving is pre-cast concrete units in different colours.

Topsoil is scarce in Hong Kong and had to be manufactured from a mixture of decomposed granite gravel and commercial conditioners. However, attention and special precautions are not necessary as the climate is so favourable that plants grow very quickly.

The Tsuen Wan Parks are a good example of how it is possible to intervene in degraded and difficult urban environments, with results that are not only good but interesting from a philosophical and design point of view.

Los parques en Tsuen Wan, ciudad dormitorio del definido como infierno cromado de Hong Kong, donde se alcanzan densidades de población inigualadas en el resto del mundo, son un intento encomiable de crear un sistema de espacios libres allí donde ni existían, ni parecía haber lugar para ellos.

Denton Corker Marshall es una empresa multidisciplinar de arquitectos, paisajistas, urbanistas e interioristas. Se fundó en el año 1972 y tiene hoy en día más de 150 empleados con oficinas en Sydney, Melbourne, Hong Kong, Jakarta, Londres, Singapur y Tokio. Adrian Duncan Pilton (Gran Bretaña, 1947), responsable de todas las intervenciones de paisajismo de la empresa, cursó sus estudios de arquitectura en la universidad de Belfast y realizó un posgrado de paisajismo en la universidad de Sheffield. Trabajó con Cairns and Associates en Belfast y Edimburgo y con Bligh Jessup Bretnall en Brisbane, Australia, antes de entrar a formar parte de la firma de Denton Corker Marshall en 1975. Está especializado en proyectos urbanísticos y paisajísticos y actúa de gerente de los proyectos. Ha participado en un gran espectro de proyectos que incluyen la ampliación del Primer Edificio Gubernamental en Sydney, las embajadas australianas en Pekín y Tokio, el monumento conmemorativo de la guerra en Australia, las propuestas para el nuevo parlamento en Canberra y proyectos premiados de diversa índole como el parque de John Knight en la misma ciudad. Ha recibido también un buen número de galardones del

Typical views of the park (Tin Hau Temple Gardens).

Vistas características del parque (parque del templo de Tin Hau).

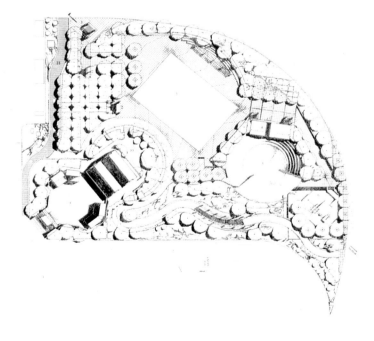

Plan of Tai Wo Hau Park.

Plan of Tin Hau Temple Garden.

Detail of curving wall (Tin Hau Temple Gardens).

Detail of vegetation on the roof of the underground railway station (Tai Wo Hau).

Planta general del parque Tai Wo Hau.

Planta general del parque del templo de Tin Hau.

Detalle de muro curvo (parque del templo de Tin Hau).

Detalle de la plantación de cubierta de la estación de metro (Tai Wo Hau).

Instituto Australiano de Paisajistas y de la Real Academia Australiana de Arquitectos. Ha pronunciado diversas conferencias dentro y fuera del continente austral, y ha ocupado cargos directivos en diversas asociaciones relacionadas con su profesión.

Tsuen Wan fue la primera de las ciudades de nueva planta en Hong Kong. En los años que sucedieron a la Segunda Guerra Mundial toda China estaba sumida en la confusión. Una de las consecuencias de este problema fue la emigración masiva del sur de China a la colonia británica de Hong Kong, que hasta aquel momento había sido un puesto avanzado muy activo aunque también muy pequeño. La presión que se ejerció sobre la infraestructura de la colonia fue enorme, de manera que el principal objetivo de los responsables del planeamiento urbanístico fue simplemente alojar al mayor número de personas en el menor tiempo posible. Este problema fue acometido mediante proyectos estandarizados de grandes bloques de apartamentos, que se asentaron sobre terrenos llanos conseguidos barriendo completamente el relieve original de este entorno. A la vista de esta actitud no es sorprendente que no se consideraran los espacios verdes y abiertos en la planificación de las ciudades de nueva planta.

Con la prosperidad de la colonia vino también la preocupación por el medio ambiente. Una de las primeras tareas de los paisajistas *pioneros* fue la de preparar planes especiales para paliar la degradación de estas ciudades. La construcción del metro bajo tierra en Tsuen Wan trajo la posibilidad de desarrollar un sistema de espacios libres que fue encargado a la empresa australiana Denton Corker Marshall en forma de seis proyectos de parques para la ciudad.

El programa de estos proyectos incluía zonas de recreo, tanto activas como pasivas en solares realmente difíciles. El mejor ejemplo para analizar la complejidad del encargo es el parque del templo de Tin Hau. Su plan preveía una cancha de baloncesto, un anfiteatro, un lugar de recreo infantil y un cuerpo de aseos en un solar de 0,8 Ha, donde también debía preverse cierto espacio para la contemplación, la privacidad y la soledad. A esto se ha de añadir que el lugar estaba dominado por altos bloques de apartamentos, tenía una pendiente acusada y acogía un templo cuyo entorno requería un tratamiento especial según el ritual.

El resto de los terrenos no era menos comprometido. Algunos tenían una forma alargada y estrecha con una pendiente de 45%. Los había que estaban situados sobre la cubierta de las estaciones de metro con una capa de tierra de sólo 60 cm, y otros que estaban rodeados de frecuentadas autovías. El terreno sobre el que había que plantar, o bien no existía, o eran escombreras.

El clima de la zona es caluroso y húmedo generalmente, por lo que la sombra era un elemento deseable a utilizar en el proyecto. Se debía prestar atención también a las brisas refrescantes del oeste y del sur, y construir las estructuras de forma que pudieran soportar los tifones y tormentas de agua estivales.

Además de los aspectos puramente prácticos del cumplimiento del programa, uno de los elementos generadores del proyecto fue el intento de crear una ilusión espacial haciendo serpentear los paseos entre las instalaciones recreativas, usando diferentes niveles y una plantación exuberante para diferenciar los espacios.

Denton Corker Marshall provocó una ruptura estética deliberada con las formas tradicionales de ajardinamiento urbano. Las formas sencillas de la geometría confuciana —el cuadrado, el círculo y el triángulo—, no sólo aparecen en planta, sino también en los detalles constructivos de las es-

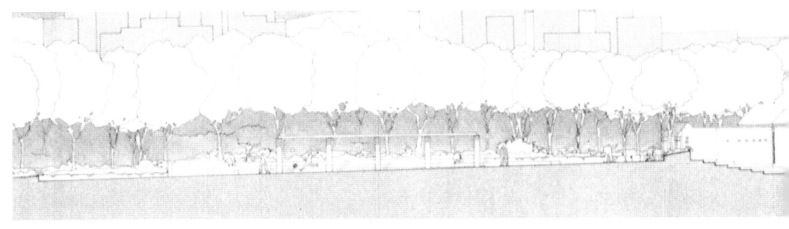

tructuras, hasta el punto de diseñar un emparrillado especial para los alcorques de los árboles. Las estructuras evocan los bloques de apartamentos de juguete de Takafumi Aida, deliberadamente lúdicos, provocando un contraste con la cruda realidad cotidiana de Tsuen Wan. Estos elementos se repiten en diversas formas en todos los parques, como pertenecientes a una misma familia con vistas a dar una cierta unidad dentro del sistema espacial discontinuo de la ciudad.

Todas las estructuras se han concebido de manera que apenas precisen mantenimiento y se adapten a la severidad del clima. Todos los muros de contención están hormigonados in situ con un enlucido posterior en diferentes tonos. Se han utilizado intencionadamente los colores primarios, en parte como señales, en parte para lograr un contraste con el gris dominante de las construcciones urbanas que los rodean. La pavimentación es de piezas de hormigón con diferentes coloraciones.

La tierra fértil escasea en Hong Kong, y por ello se tuvo que fabricar con una mezcla de granito descompuesto y aditivos comerciales. En cambio, no son necesarios cuidados, o precauciones especiales, ya que el clima es tan favorable que las plantas crecen a gran velocidad.

Los parques de Tsuen Wan son un buen ejemplo de cómo se puede intervenir en contextos urbanos difíciles y degradados con resultados no sólo correctos, sino también interesantes desde un punto de vista filosófico y proyectual.

Section of the Tin Hau Temple Garden.

Section of Tai Wo Hau Park.

Section of the Tin Hau Temple Garden.

Sección del parque del templo de Tin Hau.

Sección del parque de Tai Wo Hau.

Sección del parque del templo de Tin Hau.

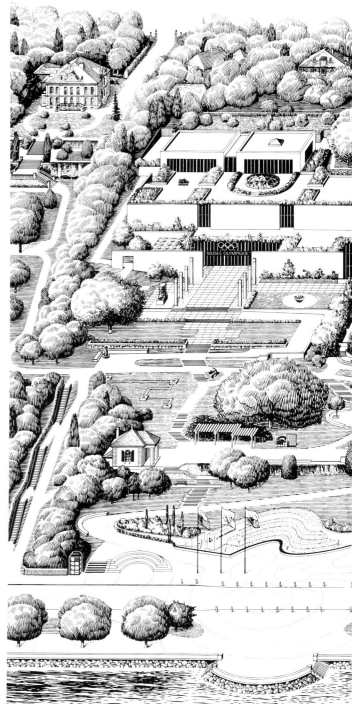

Lausanne Olympic Park

José Lardet

Completion date: 1993
Location: Lausanne, Switzerland
Client/Promoter: Lausanne Council and the International Olympic Committee
Collaborators: Charles Lardet Company

Lausanne, on the banks of Lake Leman, has widely varying architectural styles. From a distance the cathedral is dominated by the CHUV (University Hospital Centre of the Canton of Vaud), and the city seems to avoid massive projects and shockingly modern structures. It is not really surprising, therefore, that one of the stipulations in the competition for the Olympic Park was to create a square in the lower part "to suggest the presence of the Olympic Museum higher up and to invite visitors to discover it, without drawing attention to it from the street."

The competition, held in 1986 by the City of Lausanne and the International Olympic Committee, received proposals from six Swiss landscapers. The winning design came from José Lardet, whose initial project for the entrance plaza best fulfilled the specified requirement of screening the museum while also suggesting its presence. Lardet had to revise his initial project when the City of Lausanne imposed a further requirement: the creation of a fountain next to the square. The fountain is now a major feature of the Olympic Park. Another is due to be built in the large open Riponne Square. This will provide Lausanne with two modern focal points which are not excessively grandiose, thus to a certain extent contradicting their traditional reticence.

José Lardet was born in Lausanne in 1933 and after working in the car industry for a few years, he changed career in 1956. After acquiring practical skills in his father's gardening company (Charles Lardet), he obtained

Partial view of the illuminated fountain at night.

The illuminated fountain reveals its monumental nature, which appears to contradict Lausanne's reputation.

Perspective drawing of the park.

Toma parcial de la fuente con iluminación nocturna.

La fuente iluminada muestra su aspecto monumental que parece desmentir la tradición de Lausanne.

Perspectiva a mano alzada del parque.

his diploma in Horticulture and Landscaping *(Maîtrise Fédérale)* in 1961. Lardet was admitted to the Swiss Federation of Landscape Architects for his essentially self-taught artistic activity. His long landscaping career has been mainly in Switzerland, and he now combines this with his activities as manager of the Charles Lardet company, which has about 60 collaborators and carries out most of his projects.

His works include designing gardens for school buildings, universities, industry, hospitals and administration buildings, several private gardens, various town-planning schemes and the rehabilitation of buildings. His most outstanding public parks are the Place de la Gare in Echallens, the Bellefontaine and Saint Mathieu parks and Lausanne's Jardin du Théâtre, as well as the project under discussion.

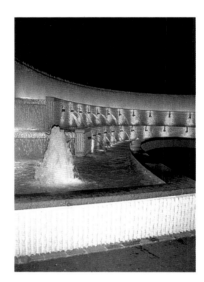

Lausanne's Olympic Park covers an area of approximately 23,000 m^2 stretching from the shore of Lake Leman in Ouchy to the Elysée avenue, 200 m higher up. The design makes use of the architecture and trees dating from the beginning of the century. The park was created by joining two former estates, giving the public access to a formerly private microcosm. This world has thus been adapted to the requirements of the future Olympic Museum — designed by the architects P. Ramírez-Vásquez and Jean-Pierre Cahen — and its many future visitors.

The site is a steep, sunny moraine facing south, and it enjoys an almost Mediterranean climate due to the presence of the lake. The dominant vegetation of the site has been largely retained (or restored) and consists of pines, cypresses, yews, box and azaleas. Taking advantage of this favourable microclimate, plants from warmer climates have also been planted, such as lavender, rosemary, *Pittosporum*, strawberry trees, and rockroses; there is even an olive tree in the museum's Greek patio.

Other architectural elements that have been restored or rebuilt are the former Hall of Mirrors, the small garden pavilion, two old fountains, and several walls and staircases.

The park adorns and enhances the museum. The entrance has an alluring feature (Quai d'Ouchy) that attracts the attention of passers-by and entices them to approach the museum. This is the monumental fountain mentioned above, built from white Carrara marble (80 m and 220 m^2 of water surface), and the square facing it, which includes a system of paths winding through the paving. The square and fountain were first sketched by Lardet and then further developed using a computer; it combines elliptical sections to form *clotoids*.

Clotoids were discovered by the mathematician Euler and are curves whose radius of curvature is inversely proportional to the length of their arc. The German hydrologist and mystic Theodor Schwenk said that *clotoids* define the form of falling drops of water, whose spherical form due to surface tension is modified by gravity, generating spiral and helicoidal motion.

These curves in the paving and hard finish of the fountain are thus a clear reference to the motion of the water. The fountain is also brought to life by the play of light and shade, especially at nightfall and at dawn, when infinite reflections are generated in the water, and at night. The still water in the upper pool is unlit and is very dark, while the waterfall resembles boiling water and is enlivened by a cool blue light. The water spouts recall the "100 Fountains" of the Villa d'Este in Tivoli, and glow with a warm, yellow light. Overall, the nighttime lighting creates attractive colour contrasts and extensive shadow play on the marble walls.

Access to the museum is by two different types of path, both of which are integrated into the topography and in perfect harmony with the veg-

The solid jets of the fountain are reminiscent of geysers; in the background are the spouts with yellow illumination, reminiscent of the "100 fountains."

The play of light and shade on the fountain, and its different levels.

The vegetation — box in topiary, flowering shrubs and trees — in relation to the park's structures.

Partial view of the Olympic Museum among the park's vegetation.

Los chorros burbujeantes simples de la fuente evocan géiseres; al fondo, los golletes iluminados de amarillo evocan las Cento Fontane.

Juegos de luz y de sombra en la fuente y secuencia de desniveles.

Diálogo entre el elemento vegetal —tejo podado en topiaria, arbustos floridos, árboles— y el elemento construido del parque.

Vista parcial del Museo Olímpico enmarcado por el entorno vegetal del parque.

etation and the old buildings. One set of paths is unedged, and winds up the park following a gentle slope (no greater than 6%) allowing use by the handicapped, families with small children and maintenance equipment. The other access paths are more direct, consisting of flights of steps with landings paved in local sandstone (Freiburg, Molière). The total length of the former is 420 linear metres, while that of the latter is 180 m. The free design of these and other elements in the park is dominated by curves; this was dictated by the site's topography, as noted above, but also by the desire to contrast with the harsh straight lines and severe layout of the museum. The meeting of straight and curved lines required very close coordination between the landscape architect and the building's architects.

As well as its more playful aspects, such as the Water Mirror in Toscane Square, unexpected objects in granite and tufa, and the structures for climbing, the Olympic Park is also a sculpture garden for works related to the Olympics. The mineral surface of the park, including the Quai d'Ouchy, occupies 9,600 m^2 (42%) and the vegetation covers 13,400 m^2 (58%). The general impression is of a very green space where the buildings, some of which are covered in plants (1,500 m^2 of roof gardens), fit in perfectly with the surrounding vegetation.

The Gymnast, *by John Robinson (Australia, 1983), is part of the Olympic Museum's collection.*

La Gimnasta, *de John Robinson, Australia (1983) forma parte de las colecciones del Museo Olímpico.*

Lausanne, situada a orillas del lago Leman, es una ciudad un poco heterogénea en cuanto a sus hitos arquitectónicos. La catedral, por ejemplo, queda dominada por el CHUV (Centro Hospitalario Universitario del cantón de Vaud) cuando se la contempla desde cierta distancia; y, en general, da la impresión de temer los gestos monumentales, las estridentes modernidades. No es de extrañar por tanto que, entre las exigencias que se plantearon en el concurso para la construcción del parque olímpico, se incluyese la creación de una plaza en su parte inferior que «sugiriera la presencia del museo olímpico en lo alto del parque e incitara al paseante a su descubrimiento, sin designárselo desde la calle».

El concurso, convocado en 1986 por la ciudad de Lausanne y el Comité Olímpico Internacional, recibió las propuestas de seis paisajistas suizos. El ganador fue José Lardet que, en su anteproyecto de plaza de entrada, fue quien mejor supo cumplir las exigencias de ocultación y, a la vez, sugestión de la presencia del museo. Lardet, sin embargo, se vio obligado a revisar su anteproyecto ante una nueva exigencia que planteó la ciudad de Lausanne: la creación de una fuente yuxtapuesta a la plaza. Hoy la fuente constituye una parte importante del parque olímpico y, cuando finalmente se construya otra en la gran plaza vacía de la Riponne, Lausanne dispondrá de dos puntos focales modernos que, sin ser excesivamente monumentales, desmentirán hasta cierto punto su miedo atávico y quizás aparente.

José Lardet nació en Lausanne en 1933 y, después de trabajar durante algunos años en el sector del automóvil, decidió dar un giro a su orientación profesional en 1956. Tras adquirir una formación práctica en la empresa de jardinería de su padre (Charles Lardet), obtuvo un diploma de horticultor-paisajista (Maitrise Fédérale) en 1961. En 1967, Lardet es admitido en la Federación Suiza de Arquitectos Paisajistas, a tenor de su actividad artística esencialmente autodidacta. Hoy, su larga carrera como paisajista, que se concentra esencialmente en Suiza, se combina con su actividad como director de la empresa Charles Lardet que, con unos 60 colaboradores, realiza la mayoría de sus proyectos.

Entre sus numerosos diseños se incluye el ajardinamiento de edificios escolares, universitarios, industriales, hospitalarios y administrativos, varios jardines privados y diversos proyectos de urbanismo y de rehabilitación de edificios. En el dominio de los parques públicos, destacan la Place de la Gare en Echallens, los parques de Saint Mathieu, Bellefontaine y Jardin du Théatre en Lausanne, y la intervención que nos ocupa.

El Parque Olímpico de Lausanne, con una superficie aproximada de 23.000 m², se extiende desde la orilla del lago Leman en Ouchy hasta la avenida del Elysée, situada 200 m más arriba. Aprovechando un patrimonio dendrológico y arquitectónico que data de principios de siglo, el parque surgido de la fusión de dos antiguas fincas abre al público un *microcosmos* privado, adaptándolo a las contingencias del futuro Museo Olímpico —obra de los arquitectos P. Ramírez-Vázquez y Jean-Pierre Cahen— y de sus numerosos visitantes futuros.

El terreno de morena, en abrupto declive y orientado hacia el sur, es muy soleado y, gracias a la presencia del lago, goza de un clima submediterráneo. Los vegetales que inicialmente dominaban el lugar, que han sido conservados en gran parte (o bien restaurados), son pinos, cipreses, tejos, matas de boj y azaleas. Aprovechando la bonanza climática se han plantado, además, especies claramente termófilas, tales como lavandas, romero, *Pittosporum*, madroños, jaras... e incluso un olivo en el patio griego del Museo.

Otros elementos restaurados o reconstruidos, esta vez de índole ar-

Unexpected objects, sometimes in combination with sculptures, add a playful touch to the park.

The Olympic Park is also a sculpture garden showing works related to the Olympic Games.

Los objetos sorpresa, a veces en combinación con esculturas, constituyen uno de los aspectos lúdicos del parque.

El Parque Olímpico es también un jardín de esculturas que expone obras de temática olímpica.

quitectónica, son el antiguo quiosco de Espejos, el pequeño pabellón de jardín, dos viejas fuentes y varios muros y escalinatas.

El parque, cuya función es la de *aderezar* y revalorizar el museo, consta en su entrada (Quai d'Ouchy) de un elemento lo bastante provocador como para interpelar al paseante sin rumbo e invitarlo a caminar hacia el museo. Es la fuente monumental antes citada, construida en mármol blanco de Carrara (80 metros lineales y 220 m² de superficie acuática) y la plaza que, frente a ella, se extiende hacia el lago con su sistema de empedrados que ondulan como serpientes sobre la calzada. El conjunto fuente-plaza, primero desarrollado a mano alzada por Lardet y luego afinado en ordenador, combina secciones de elipses, formando clotoides.

Las clotoides, descubiertas por el matemático Euler, son curvas cuyo radio de curvatura es inversamente proporcional a la longitud de su arco. Según el hidrólogo y místico alemán Theodor Schwenk, las clotoides definen el contorno de las gotas que caen, cuya forma esférica debida a la atracción entre las moléculas de agua se ve modificada por la fuerza gravitatoria, generando movimentos espiralados y helicoidales.

Las curvas clotoides de pavimentos y partes duras de la fuente son, por tanto, una referencia evidente al agua que brota, cae y se amansa. La fuente se anima, además, con un juego de luces y sombras, especialmente durante el ocaso y el alba, cuando en el agua en remanso se crean infinitos reflejos, y durante la noche. Las aguas quietas del estanque superior, no recibiendo luz alguna, son negras como la noche, pero la cascada, que evoca el agua en fusión, es animada por una luz azul fría. Los golletes que escupen agua, un agua muy ciudadana, que recuerda las Cento Fontane de la Villa de Este en Tívoli, irradian una luz amarilla y cálida. Considerada en conjunto, la iluminación nocturna provoca bellos contrastes cromáticos y miles de sombras chinescas sobre las paredes de mármol.

El trazado de las vías de acceso al museo fue definido según dos tipologías concretas, bien integradas en la topografía, y en perfecta armonía con la vegetación y los edificios antiguos: caminos sin barreras arquitectónicas que serpentean por el parque con una inclinación muy suave (no superior al 6%) para permitir que circulen por ellos los disminuidos físicos, las familias con niños pequeños y las máquinas de mantenimiento; y accesos directos, compuestos por una serie de escalinatas de tipo *jardín* y de rellanos pavimentados con areniscas locales (Friburgo, Molière). La longitud total de los primeros es de unos 420 m lineales, la de los segundos de unos 180. El diseño, *a priori* muy libre, de estos y de otros elementos del parque, diseño en el que predominan las curvas, fue dictado por la topografía, como ya se ha dicho, pero también por una voluntad de contraste con las líneas rigurosas y el severo trazado del Museo. Los puntos de encuentro entre curvas y rectas supusieron una coordinación muy precisa entre el arquitecto paisajista y los arquitectos del edificio.

Sin desdeñar los aspectos lúdicos —Espejo de agua en la plaza Toscane, objetos sorpresa de tufo y granito, objetos que invitan a trepar por ellos—, el Parque Olímpico es también un jardín de esculturas que acoge obras relacionadas con temas olímpicos. Las superficies minerales del parque, incluida la parte correspondiente al Quay d'Ouchy, ocupan 9.600 m² (el 42%) y las vegetales, con 13.400 m², un 58%. La impresión general, sin embargo, es de un espacio muy verde, en el que los elementos construidos, recubiertos en parte por plantas (1.500 m² de tejados ajardinados), armonizan a la perfección con la vegetación circundante.

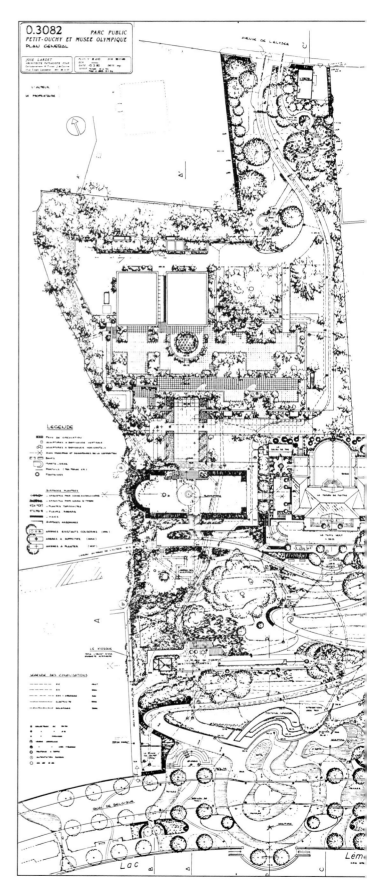

*General plan of the Olympic Park and
Museum.*

*Entrance colonnade to the Museum,
with Lake Leman in the background.*

*Plano general del Parque y el Museo
Olímpicos.*

*Columnata de entrada al Museo y, al
fondo, el lago Leman.*

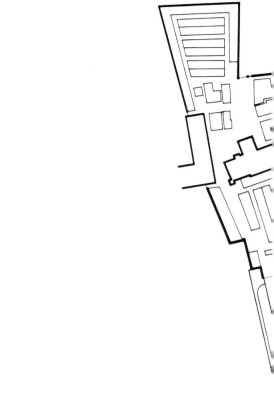

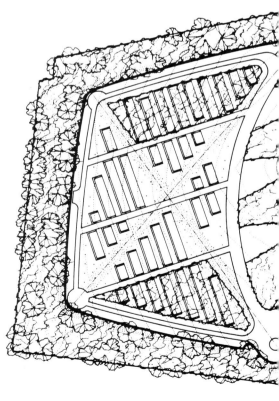

The Graveyard Extension
Andreas Bruun

Completion date: 1984
Location: Greve, Denmark
Client/Promoter: Greve Church
Collaborators: Henrik Ulfstedt and Peter Samuelsen

The guidelines to Andreas Bruun's creative work are: a single concept of architecture and landscape; a profound respect for the site's history, searching for and maintaining its *genius loci*; the direct or indirect combination of formal structure and functional content; and the belief that the site's environmental and biological dynamics condition the project.

All these criteria have led to a rather neoclassical methodology inspired by a dual and complex dialectic equilibrium: on the one hand, time is a factor which reconciles unhindered biological growth with submission to the discipline of a human time scale; and on the other, the awkward balance between open and closed spaces, between what is public and what is private. These formal and conceptual parameters can be clearly seen in Andreas Bruun's extension of Greve Church's graveyard, 25 km to the south of Copenhagen, Denmark.

Bruun was born in 1936 in the city of Dreslette (Fyn, Denmark), and studied at the Royal University for Veterinary Science and Agriculture in Copenhagen (1956-1959), followed by the École National d'Horticulture in Versailles (1960). He founded his own company in collaboration with the Landscape Architects Henrik Ulfstedt and Peter Samuelsen in 1961.

His importance in the world of landscape design in Denmark can be seen in his teaching and institutional work. He taught at the university from which he graduated from 1973 to 1975, and was a member of its degree awards panel and also at the University of Architecture in Arhus during the seventies and eighties. He was a member of the committee of

The geometry and vegetation emphasise the internal rhythm.

General ground plan of the site, with the original graveyard and the extension.

La geometría y la vegetación subrayan el ritmo interior.

Planta general del conjunto, con la parte original y la posterior ampliación.

the Danish Association of Landscape Architects for six years (1969-75) and was the Danish delegate to the International Foundation of Landscape Architects (IFLA) from 1970 to 1978. The importance of his work has been demonstrated in exhibitions such as *Architecture Danoise du Paysage Contemporain ou Paysages Musicaux*, which featured his most representative works: the private gardens at Lund and Koge, and the patios of Greve and Jyllinge churches.

Greve Graveyard is Andreas Bruun's most renowned project, not only for his clear interpretation of the space's geophysical characteristics, but also for his creation of a peaceful and calm atmosphere. He did not resort to established design models for cemeteries, but rather established a new formal and conceptual language, while maintaining a certain historical continuity with the essence of the place.

The project actually forms part of a general scheme involving two successive extensions of the cemetery since the fifties, the second in 1977. The demand by Greve's ecclesiastical community to extend the graveyard in the early eighties enabled Bruun to design a project which linked it to the funereal spirit of the Bronze Age, without renouncing its relationship with the site's history.

The territory available to Bruun consisted of a 100-m × 100-m trapezoidal site on the southwestern slope of the land already occupied by the church and its patio-graveyard. The ecclesiastical authorities' requirements were for space for 500 new graves and 300 spaces for cremation urns. The latter only occupy a third of the area, while the extension only affected a small part of the original cemetery.

The philosophy which inspired Bruun's design was to create an environment that was symbolic and mystical, providing the site with its own identity while integrating it with the natural environment. The Dane resorted to two fundamental principles: understanding the site's physical aspects (relief, geometry, orientation); and the strategic use of vegetation to determine the character and aesthetics of the project.

With regard to the site, the meeting point of the old and new parts is on the southwest slope of the old cemetery. Here the land gently slopes (3 m) from east to west, providing an excellent view of the recent extension. This gentle slope and the layout of the graves facing east (following the layout of the original graves and protected by low hedges) takes full advantage of the view and the morning sun.

A path leads down from this intersection, forming a smooth concavity in the general plane. As well as serving to communicate different areas, the path is edged by a low granite wall and a dense hedge, emphasising the isolation of the graveyard without obstructing its view. Several straight paths lead off this curved path, providing internal communication and together with the one around the perimeter, completing the various possible routes.

The interior layout is organised around the point where the two diagonal paths cross. These provide the guidelines followed in the use of vegetation: two rows of trees planted in the plane of the lawn suggest the existence of various small independent sites. This solution reinforces the necessary sensation of peace and isolation. The species used have been chosen on the basis of this diversity: hawthorn, yews, small-leaved lindens and apple trees around the edge; oaks, plums, thujas, firs and ash trees, among others, have been planted in the interior zones, in relation to the graves. The sensitive use of vegetation and the site's deliberate geomorphology give this space, a final resting place, its symbolical values of peace and rest.

Los principios directores que rigen la labor creativa de la firma de Andreas Bruun pueden resumirse en los siguientes puntos: una concepción indisoluble de los ámbitos arquitectónico y paisajístico; un profundo respeto por la memoria histórica del lugar, simbolizado en la búsqueda y mantenimiento de su *genius loci*; la conjugación de estructura formal y contenidos funcionales como una relación que puede producirse de manera directa u oblicua; y la idea de que es la propia dinámica ambiental y biológica del territorio la que marca las pautas que debe seguir la intervención.

Todos estos criterios han derivado en una metodología de tintes neoclasicistas que busca su inspiración en un doble y complejo equilibrio dialéctico: por una parte, la asunción del tiempo como factor cronológico que concilia los conceptos de libre crecimiento biológico y de sumisión a la disciplina de los ritmos humanos; y, por otra, la difícil armonía que se establece entre espacio abierto y cerrado, entre lo accesible y lo privado. Estos parámetros formales y conceptuales son perfectamente apreciables en la ampliación del camposanto realizada por Andreas Bruun para la iglesia de Greve, localidad danesa situada a 25 km al sur de Copenhague.

View of the low hedges by the graves.

General view of the cemetery.

The ground cover and hedges define the layout of the graves.

Vista de los setos bajos que escoltan las sepulturas.

Toma general del cementerio.

Los tapizantes y los setos ordenan la disposición de las sepulturas.

Nacido en 1936 en la ciudad de Dreslette (Fyn, Dinamarca), Bruun se formó en la Royal University for Veterinary and Agriculture de Copenhague (1956-1959), ampliando sus estudios en la École National d'Horticulture de Versalles (1960). En 1961 funda su propia empresa, en colaboración con los también arquitectos paisajistas Henrik Ulfstedt y Peter Samuelsen.

Su labor docente e institucional revela su sólida impronta en el panorama paisajístico danés. Entre 1973 y 1975 ejerce como profesor en el centro universitario donde obtuvo su graduación, formando parte de su tribunal y del de la Universidad de Arquitectura de Arhus durante las décadas de los setenta y los ochenta. Durante unos seis años (1969-1975) actúa como miembro de la Danish Association of Landscape Architects y, entre 1970 y 1978, asume el papel de delegado danés de la International Foundation of Landscape Architects (IFLA). La importancia de su obra se ha demostrado en exposiciones como *Architecture Danoise du Paysage Contemporain ou Paysages Musicaux*, donde presentó sus trabajos más representativos: los jardines privados de Lund y Koge y los patios de las iglesias de Jyllinge y Greve.

Esta última intervención es la más celebrada de Andreas Bruun, no sólo por la lúcida interpretación de las características geofísicas del espacio, sino también por la consecución de una atmósfera tranquila y apacible que, sin necesidad de recurrir a los modelos precedentes en el diseño de cementerios, establece un nuevo lenguaje formal y conceptual que, sin embargo, mantiene una cierta continuidad histórica con la esencia del lugar.

De hecho, la actuación forma parte de un proyecto general que, desde la década de los cincuenta, ha generado dos expansiones sucesivas del cementerio, la segunda en 1977. La demanda de ampliación por parte de la comunidad eclesiástica de Greve, a principios de los años ochenta, significó para Bruun la posibilidad de llevar a cabo una serie de propuestas que entroncan con el espíritu funerario de la Edad de Bronce sin renunciar a la relación con la memoria del lugar.

El territorio de que dispuso el autor consistía en un solar trapezoidal de unos 100 × 100 m, situado en la vertiente sudoeste de los terrenos ya ocupados por la iglesia y su patio-cementerio. La demanda funcional de las autoridades eclesiásticas tenía como base la necesidad de aprovechar el espacio para la ubicación de 500 nuevas sepulturas y 300 alojamientos para urnas de incineración. Estas últimas apenas han ocupado una tercera parte del terreno y, por otra parte, la ampliación sólo afectó a una zona mínima del cementerio original.

La filosofía que ha inspirado el diseño de Bruun persigue la creación de un espacio ambiental, plagado de mística y simbolismo, que proporcione una identidad personal al conjunto y, al mismo tiempo, lo integre en su entorno natural. Para ello, el danés ha recurrido a dos principios fundamentales: la comprensión física del lugar (relieve, geometría, orientación); y el uso estratégico de la vegetación como determinante del carácter y de la estética de la intervención.

En el primer aspecto, la intersección entre las partes vieja y nueva se produce en la vertiente sudoeste del antiguo cementerio. En este sector, el terreno inicia un suave descenso (3 m) en dirección este-oeste que permite contemplar la mejor panorámica de la reciente ampliación. Esta ligera inclinación y la disposición de las sepulturas en sentido oriental (manteniendo el esquema direccional de las originales y protegidas por setos bajos) facilitan el máximo aprovechamiento de las perspectivas visuales y de los rayos solares matutinos.

Desde el citado punto de intersección, parte un camino descendente que dibuja una suave concavidad en el plano general. Además de su función comunicativa, el sendero está subrayado por un pequeño muro de piedra granítica que, escoltado por un denso seto de arbustos bajos, potencia la sensación de aislamiento del camposanto. A partir de este trazado curvo, se desprenden varios senderos rectilíneos de comunicación interior que, junto al perimetral, completan los posibles itinerarios de recorrido.

La trama interna está organizada en torno al cruce de las dos diagonales que atraviesan el campo. Éstas originan un tratamiento directriz en el uso de la vegetación: dos hileras de arbolado sugieren la existencia de varios espacios reducidos e independientes. Esta solución refuerza la sensación de tranquilidad y aislamiento que necesita el lugar. La variedad de las especies está concebida en función de esta diversidad: espinos, tejos, tilos de hoja pequeña y manzanos para las áreas perimetrales; en las zonas internas, según su relación con la ubicación de las sepulturas, se distribuyen robles, ciruelos, tuyas, abetos y fresnos, entre otros.

Vegetation is a major element in the project's aesthetics.

This view shows some of the internal circulation routes.

Species have been chosen according to their location.

La vegetación es determinante en la estética de la intervención.

Esta toma permite apreciar algunos de los trazados de circulación interna.

Las especies se han seleccionado en virtud de su ubicación.

Tiffany Plaza
Weintraub & di Domenico

Completion date: 1982
Location: New York, USA
Client/Promoter: South East Bronx Community Organization (SEBCO)

The creative talent of the company formed by Lee Weintraub and John di Domenico lies in its distinctive concept of landscaping, far from the clichés that consider vegetation to be the important, irreplaceable element of landscape. To them, shaping the urban landscape does not mean resorting to commonplaces or using typical solutions. Their methodology allows them to consider some of the more interesting aspects of the planning process in great depth, such as integrating the site with its setting and the search for the relationship to be established between the space and its users.

Weintraub & di Domenico's project for Tiffany Plaza has demonstrated the validity of the ideas of urban landscape design in areas considered marginal. Very few would have bet on the successful integration of a plaza of this nature into the heart of New York's Bronx, but the results have silenced even the most hardened sceptics. The district now has an open space to serve as a centre, freely available to the citizens and with its own social and cultural identity.

Their work has obtained critical and institutional recognition, and this project has earned them some of the most prestigious awards in American landscaping, such as the Municipal Arts Society Award, and the American Society of Landscape Architects Merit Award. They have won many prizes since the company was formed in 1982 by Lee Weintraub and John di Domenico, both experts on the close relationship between architecture, town planning and landscape design.

Weintraub graduated from the City College of New York in 1973 and

The lawn areas are broken by the layout of the tiling that marks the paths.

Las superficies de césped quedan interrumpidas por la disposición de las baldosas que dibujan el itinerario.

started his career in Trenton, New Jersey, where he was responsible for the city's Department of Planning and Development, working in the creation and rehabilitation of plazas, parks, and public spaces. Within the private sector, he has worked in companies like M. Paul Friedberg and Partners (1978-1979) and his works can be found in many American cities, with projects in Kansas City, Cincinnati, Washington and New York. In New York, he has been Director of the Bureau of Open Space Design, and has worked in the Department of Housing Preservation (1979-1984). He is currently a member of the New York City Landmarks Commission.

John di Domenico graduated in 1975, also from City College, and then studied at Harvard University. After starting his career at the City of Trenton, he obtained a Fulbright scholarship in 1979 to perform a study of different aspects of the development of the city of Rome. Since 1980 he has been Chairman and Associate Professor of the New York Institute of Technology School of Architecture. The company's work includes such worthwhile projects as Washington Market Place, the East Harlem Artpark, the Longfellow Garden, the Atlantic Center Residential Park, the Lewis Latimer House and the Coffey Street Recreational Pier, all in New York.

The Tiffany Plaza project forms part of an overall programme to rehabilitate and restructure one of the most degraded areas of the South Bronx, Hunts Point. This process was promoted by the SEBCO and included about 2,000 housing units, both new and rehabilitated, as well as creating collective spaces to provide the area with the social identity it needs. The financial cost of the operation, met by public and private sources, came to nearly 33 million dollars.

The site's physical characteristics are basically an open surface of 33 m x 60 m, together with a pedestrianised section of Tiffany Street. The split-level site is in front of the Church of Saint Athanasius, making it necessary to reorganise the space to adapt it to the collective needs defined in the residential programme.

The project sought to make the site into the neighbourhood's meeting point, a sort of outdoor 'living room' open to the entire community. The clearly postmodern design took into account the characteristics of the neighbourhood's residents, mostly of Hispanic origin, and so the authors sought to create a plaza similar to those found in Latin America. This is one of the factors that has contributed most to its effective integration with its setting.

One of the key elements in the organisation of the space is the paving, which serves to unify the whole area. Granite paving, in fishscale, leads the visitor from the church towards a longitudinal construction with several fountains in the form of stone lions. The structure rests on three receding blocks of concrete and flat glass blocks 45 cm apart, in soft tones of pink and white, creating a suggestive play of light of shade. This is the first level and it is completed by a horizontal granite platform, a sort of lectern, available for use in public gatherings or religious ceremonies.

The second level is separated from the first by three large steps and is a green retreat with large lawn areas broken by tiling that marks the paths. There are also blocks of flowers and trees, especially honey locusts. This makes the second sector into a sort of natural refuge, in contrast to the hard nature of the paved areas. The pastel shades used give a touch of tropical colour.

Overall, the project is an excellent example of the social and cultural revitalisation of a marginal area, possible thanks to a clear interpretation of the physical nature of the site and the character of the neighbourhood.

The prefabricated stone fountains are in the shape of a lion's head.

The longitudinal construction houses several fountains.

Las fuentes prefabricadas en piedra adoptan forma de cabezas de león.

Una construcción longitudinal alberga varias fuentes.

El talento creativo de la sociedad formada por Lee Weintraub y John di Domenico reside en su peculiar concepción del paisajismo, alejada de los tópicos que confieren a la vegetación un valor primordial e insustituible. Para ellos, la configuración del paisaje urbano no tiene necesidad de acudir a lugares comunes ni de recurrir a soluciones características. Su metodología les permite profundizar en otros aspectos más interesantes del proceso de planificación, tales como la integración en el contexto y la búsqueda de las relaciones que se deben establecer entre espacio y usuario.

Con el proyecto de la Tiffany Plaza, Weintraub & di Domenico han demostrado la validez de las propuestas del paisajismo urbano en áreas consideradas marginales. Muy pocos fueron los que apostaron en un principio por la hipotética integración de una plaza de estas características en el desgarrado corazón del Bronx neoyorquino. Los resultados han obligado a callar incluso a los más escépticos: el barrio dispone en la actualidad de un espacio focalizador y abierto que, a la libre disponibilidad por parte de los ciudadanos, suma una fuerte carga de representatividad social y de identidad cultural.

El reconocimiento crítico e institucional a esta labor no se ha hecho esperar: el proyecto reportó a los autores algunos de los más prestigiosos galardones del paisajismo estadounidense como el Municipal Arts Society Award, el National Landscape Award y el American Society of Landscape Architects Merit Award. Los premios parecen formar parte indisoluble de la trayectoria laboral de la sociedad formada, desde 1982, por Lee Weintraub y John di Domenico, dos de los mejores conocedores de las profundas relaciones existentes entre arquitectura, urbanismo y paisajismo.

El primero se graduó por el City College de Nueva York en 1973 y sus inicios profesionales estuvieron estrechamente ligados al ayuntamiento de Trenton (Nueva Jersey), ejerciendo como responsable del Department of Planning and Development de la ciudad y trabajando en el ámbito de la creación y rehabilitación de plazas, parques y espacios públicos. En el sector privado, ha formado parte de firmas como M. Paul Friedberg and Partners (1978-1979) y ha diseminado sus obras por gran parte de la geografía estadounidense, destacando sus actuaciones en Kansas City, Cincinnaty, Washington y Nueva York. En esta última ciudad ha ejercido como director del Bureau of Open Space Design, integrado en el Department of Housing Preservation and Development (1979-1984). En la actualidad, es miembro de la New York City Landmarks Commission.

Por su parte, di Domenico se graduó en 1975 en el mismo centro neoyorquino que su socio, ampliando su formación en la Universidad de Harvard. Tras iniciarse profesionalmente al amparo del ayuntamiento de Trenton, la obtención de una beca Fulbright en 1979 le permite realizar un minucioso estudio sobre el desarrollo urbanístico de la ciudad de Roma. Desde 1979 ejerce como profesor asociado y presidente de la Escuela de Arquitectura del New York Institute of Technology. El trabajo conjunto de la sociedad presenta obras tan interesantes como el Washington Market Park, el East Harlem Artpark, el Longfellow Garden, el Atlantic Center Open Space, la Lewis Latimer House y el Coffey Street Recreational Pier, todas ellas en Nueva York.

Retomando el análisis de la Tiffany Plaza, el proyecto está englobado en un programa general de rehabilitación y reestructuración de uno de los sectores más castigados del South Bronx, la Hunts Point Community. Esta planificación, impulsada por la SEBCO, comprendía un conjunto de

The fountains are the most representative element of the scheme.

The architectural design is clearly inspired by the plazas found in Latin America.

Diagram of the project.

Las fuentes son el elemento más emblemático del conjunto.

El diseño arquitectónico está claramente inspirado en las plazas de armas hispánicas.

Esquema de la intervención.

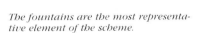

cerca de 2.000 viviendas, de nueva planta o restauradas, así como la creación de espacios colectivos que dotaran a la zona de la necesaria identidad social. El coste financiero de la operación, subvencionada por iniciativas privadas y públicas, ha ascendido a cerca de 33 millones de dólares.

Las características físicas del lugar se pueden resumir en una superficie abierta de 33 × 60 m, a la que se añade una parte de la Tiffany Street, calle adyacente de 22 × 60 m, cerrada ahora al tráfico. El solar, distribuido en dos niveles, está situado frente a la iglesia de Saint Athanasius, lo que obligó a reorganizar el espacio para adaptarlo a las necesidades colectivas derivadas del programa residencial.

Así, el proyecto debía transformar el lugar en un centro focal del vecindario, una especie de *sala de estar* abierta al exterior y disponible para toda la comunidad. En el diseño, de clara vocación posmoderna, se tuvo en cuenta el perfil medio de los habitantes de la zona: la mayoría de los residentes son de origen hispano, por lo que la pretensión de los autores fue la de crear un espacio tipológicamente relacionado con las plazas latinoamericanas. Ésta es una de las razones que más han contribuido a su efectiva integración en el contexto.

La organización del espacio tiene uno de sus pilares fundamentales en la pavimentación, que sirve como elemento unificador del conjunto. Se han utilizado piezas de granito, en forma de escama, que conducen al viandante desde la iglesia hacia una construcción longitudinal caracterizada por la presencia de varias fuentes, que adoptan la forma de leones fabricados en piedra. Su estructura se sustenta sobre tres placas decrecientes de hormigón y sobre unos bloques planos de vidrio, separados entre sí 45 cm y pigmentados en suaves tonalidades rosáceas y blancas para crear sugestivos juegos de luces y sombras. Este primer nivel se ha completado mediante una plataforma horizontal de granito, que conforma una especie de atril disponible para la celebración de ceremonias religiosas o actos públicos.

En el segundo nivel, separado del anterior por tres escalones, se ha recuperado el uso de la vegetación, con grandes superficies de césped interrumpidas por baldosas que dibujan el itinerario. También se ha recurrido al empleo de macizos florales y de arbolado, especialmente acacias. De este modo, el segundo sector se convierte en una especie de refugio natural que contrasta con la dureza de las áreas pavimentadas. Asimismo, la utilización de colores pastel imprime sugestivos matices de reminiscencias tropicales.

En definitiva, la intervención es un magnífico ejemplo de revitalización social y cultural de una zona marginada, que ha sido posible gracias a una lúcida interpretación de las características físicas del lugar y, sobre todo, de la idiosincrasia de sus habitantes.

Park at Lancy
Georges Descombes

Completition date: 1985
Location: Lancy, Switzerland
Client/Promoter: Municipality of Lancy
Collaborators: Alain Léveillé, Willi Weber and Jan Gebert

The municipal district of Lancy, situated on the edge of Geneva, is the setting for one of the most renowned projects carried out by the Swiss designer Georges Descombes: a small park which illustrates how the concepts of transition and contrast provide the framework for the majority of his landscape designs, which, besides, seek to achieve an identification of the individual with his/her surroundings. Born in 1939, Descombes studied at the architecture faculties of Geneva and Zurich. In 1965, having finished his studies, he began his professional career, working with P.L. Nervi and E. Beaudouin, and with M.J. Saugey between 1968 and 1971, a collaboration which ended when Georges Descombes moved to London, where he studied and worked until 1974. In 1973, during his time in England, he graduated from the Architectural Association Graduate School. Two years later, in 1975, he returned to Geneva, where he combined design work and teaching, giving classes at the architectural school in this Swiss city.

The unusualness of the park is largely derived from the area chosen for its siting, this characterised by being a confusing zone of transition between city and countryside, and by being one of endless examples of the eternal struggle between man and nature. This diffusing of the limits is a consequence of the expansion that has in the municipality of Lancy urred from the fifties to the seventies; in one single area, for example, there runs the bed of a stream, while two important traffic axes and the foundations of a large number of residential buildings are also found here.

View of the sinuous path that crosses the park, outflanking the flow of the river.

Vista del sinuoso sendero que atraviesa el parque, flanqueando el curso de un pequeño arroyo.

Descombes' basic objective consisted in reconciling both realities (natural and artificial), by making use of elements which establish a connection between the individual and the essence of the place. It can be said that the region of this project was converted into a *palimpsest*, that is to say, a space which preserves traces of a past that has been artificially erased, traces of which can be recuperated thanks to an efficient intervention of architecture and landscape design.

This proposal combines with others in which the intention is to create pathways which allow pedestrians to cross the busy roads, and to improve areas intended for the enjoyment of the town's inhabitants. As has been observed, these objectives carry with them the notion of modification, which is also linked to the recognition and appreciation of the intrinsic and extrinsic characteristics of the space. The concept of transition is also connected to these aims, from the fact that the park is perceived whilst moving through it, to the fact that all its component elements maintain a relation of opposition between each other; the latter generates a series of different readings, which, in general, are influenced by the beauty and complexity derived from tension.

The few elements which comprise this Swiss park are determined by their heterogeneity and versatility, since, besides being of specific architectural value, they act as moderating structures in the confused space, and as subtle artefacts connecting the space with its historical and contemporary essence.

Between the different structures the path is seen in its sinuous route, following the course of the river, establishing the relationship between water and walkway, and marking the borders between both. To this end, the said path incorporates the wall which divides the vault of the tunnel, and a small bridge that, rising over the water and the ground, is superimposed on the path and, in brief, becomes a kind of pavement (with steps and ramps) that leads people to walk between the trees, contributing to their contact with nature.

Another of the more emblematic components of this park is the *tunnel-footbridge*, formed by a tube of corrugated steel, 3 m in diameter and 30 m long, installed with bolt fixings, juxtaposed to which is a 90 m long footbridge. From the mere description of this object, the simplicity of its geometry and its metal nature are clear, characteristics that bear upon the confrontation of contraries (recurrent throughout the park) and denote a rejection of nostalgia.

Apart from the path and the tunnel-bridge, Georges Descombes opts for a semantic transcendence, both aesthetic and functional, in other structural elements: worthy of mention is the greenhouse incorporated into one of the houses that are embraced by the park's boundaries; this could be considered as a transitional space between interior and exterior, between the present (given form in the light metallic structure, covered with transparent glass) and the past (embodied by the house's architecture).

Another of the aforementioned elements is the fountain, the route of which follows the slope of the land, causing the water to flow or collect in pools alternately, until it reaches the stream.

Marking the boundaries of the play area around this fountain is a pergola, and lightweight metal arches supported by a continuous wall; this acts as a parapet against the wind and, consequently, allows for the positioning of benches, to be used for resting or reading. Around the arches autochthonous plants grow (once again the contraposition between nature and artifice and between the past and the present) which mitigate

the effects of direct sunlight in the hotter seasons. Finally, this play area is complemented by another space enclosed by posts; these also incorporate a metal roof covered with reinforced glass, upon which, furthermore, a dense plant growth spreads in summer.

From the analysis of this intervention of Georges Descombes we derive the architectural potentiality of oppositions, basis of this project (interior-exterior, new-old, artificial-natural, restoration-modification, continuity-fragmentation).

El municipio de Lancy, situado en la periferia de Ginebra, se convierte en escenario de una de las más célebres actuaciones del suizo Georges Descombes: un parque de pequeñas dimensiones que se transforma en ejemplificación de cómo los conceptos de transición y contraste hilvanan la mayoría de las intervenciones paisajísticas, las cuales, por otra parte, persiguen la identificación del individuo con el territorio. Nacido en el año 1939, Descombes cursa la carrera de arquitectura en las facultades de Ginebra y Zurich. En 1965, una vez finalizados sus estudios, inicia su trayectoria profesional trabajando con Nervi y Beaudouin y con Saugey entre 1968 y 1971, colaboración que llega a su fin cuando Georges Descombes se traslada a Londres, ciudad donde estudia y trabaja hasta el año 1974. De este modo, en 1973, durante su estancia en la capital inglesa, se gradúa en la Architectural Association Graduate School. Dos años después, en 1975, vuelve a Ginebra, donde alterna su actividad laboral con la docente, impartiendo clases en la escuela de arquitectura de esta ciudad helvética.

Del área elegida para la ubicación del parque se deriva, en gran medida, la singularidad del mismo, que se caracteriza por ser una confusa zona de transición entre la ciudad y el campo. Esta difuminación de los límites es consecuencia de la expansión que experimentó el municipio de Lancy entre los años cincuenta y setenta; en un mismo territorio, por ejemplo, discurre el cauce de un arroyo, se asientan dos importantes ejes de circulación y los cimientos de un gran número de edificios residenciales. El objetivo básico de Descombes consiste en conciliar ambas realidades (la natural y la artificial) mediante la potenciación de los elementos que establecen un vínculo entre el individuo y la esencia del lugar. Puede decirse que el terreno de intervención se convierte en una especie de *palimpsesto*, esto es, un espacio que conserva huella de un pasado que ha sido borrado artificialmente, que pueden recuperarse gracias a una eficiente intervención arquitectónica y paisajística.

View of the metallic structure of the tunnel-footbridge.

View of one exit of the tunnel showing the close relation between nature and artifice.

Perspective view showing another of the exits of the tunnel.

The light metallic structure of the footbridge is wrapped with autochthonous plants.

View from inside the cylindric tunnel, made of corrugated steel and iron and provided with skylights that assure sunlight inside.

Estructura metálica de la pasarela-túnel.

Toma de una de las salidas del túnel en la que se puede apreciar claramente la integración de lo artificial con la naturaleza.

Perspectiva fotográfica de otra salida del túnel.

La ligera estructura metálica de la pasarela queda envuelta por plantas autóctonas.

Vista desde el interior del túnel cilíndrico, construido en chapa ondulada de acero y provisto de claraboyas circulares que aseguran la entrada de luz natural.

Este propósito de devolver vigencia a lo oculto se conjuga con otros que apuntan a la realización de pasos que permitan a los peatones atravesar las vías de circulación rodada y al acondicionamiento de áreas destinadas al disfrute de los ciudadanos. Estos objetivos, como se observa, conllevan la idea de modificación, que también está ligada al reconocimiento y valoración de las características intrínsecas y extrínsecas del espacio. El concepto de transición también está vinculado a estas metas, desde el momento en que la percepción del parque es itinerante y todos sus elementos compositivos guardan una relación de oposición entre sí; ésta genera una serie de lecturas diferentes que, por lo común, inciden en la belleza y complejidad que se deriva de la tensión.

Entre los escasos elementos que constituyen este parque suizo destaca el sendero cuyo sinuoso recorrido dibuja el curso del arroyo, estableciendo relación con el agua y el paseo, y marcando los límites entre una y otro. Con este fin, dicho sendero hace suyo el muro que divide la bóveda del túnel, incorpora un pequeño puente que, elevándose sobre el agua y el suelo, se superpone al mencionado paseo y, en definitiva, se convierte en una suerte de acera (con escaleras y rampas).

Otro de los componentes más emblemáticos de este parque es la *pasarela-túnel*, formada por un tubo de chapa ondulada de acero de tres metros de diámetro y 30 de longitud, instalada mediante fijación con pernos, a la que se yuxtapone una pasarela de 90 m de largo. La simple descripción de este cuerpo pone de manifiesto su elemental geometría y su metálica naturaleza.

Aparte del sendero y la pasarela-túnel, Georges Descombes opta por una transcendencia semántica, tanto estética como funcional en otros elementos estructurales: digno de mención es el invernadero incorporado a una de las casas acogidas en la periferia del parque, que podrían considerarse como un espacio de transición entre el interior y el exterior, entre lo presente (que toma forma en la ligera estructura metálica, cubierta de vidrio transparente) y lo pasado (personificado por la arquitec-

tura de la casa). Otro de los ya mencionados elementos es la fuente, cuya ruta sigue la pendiente de la tierra, provocando que el agua corra o quede recogida en piscinas alternativamente, hasta llegar al arroyo.

Marcando la periferia de la zona de juego alrededor de esta fuente hay una pérgola y arcos metálicos ligeros sujetados por una pared continua; esta estructura hace las veces de parapeto contra el viento y, en consecuencia, permite la colocación de bancos para momentos de descanso o lectura. Por entre los mencionados arcos, plantas autóctonas crecen (de nuevo en contraposición entre lo natural y lo artificial o lo presente y lo pasado) mitigando los efectos de la luz solar directa en las épocas más cálidas. Finalmente, esta zona de juego esta complementada por otro espacio delimitado por postes, que también incorporan un techo de metal cubierto por cristal armado, sobre el que, además, crece una espesa plantación en verano.

Del análisis de esta actuación de Georges Descombes en el municipio suizo de Lancy se deduce la potencialidad arquitectónica de las oposiciones, auténticas articuladoras de la obra (interior-exterior, nuevo-antiguo, artificial-natural, recuperación-modificación, continuidad-fragmentación).

The water enhances the design of the crisscross pattern.

The borders of the path allow the roots to growth.

Partial view of the greenhouse.

Detail of one of the skylights.

The paving system used in the paths integrates into the surroundings.

El agua realza el diseño de la cuadrícula.

Los bordes del sendero se retiran para dejar paso al crecimiento de las raíces.

Vista parcial del invernadero.

Detalle de una de las claraboyas.

El sistema de pavimentación del sendero se integra con naturalidad en el contexto.

Partial view of the Central Park play area.

Vista parcial de la zona de juegos en el entorno de Central Park.

67th Street Playground
M. Paul Friedberg & Partners

Completion date: 1986
Location: New York, USA
Client/Promoter: Central Park Conservancy

It is probable that the most appreciated figure in the history of American landscape architecture is Friedrick L. Olmstead, and there is no doubt at all that his greatest work was New York's Central Park. Since it was planned in 1850 it has undergone numerous reformations and operations to provide monuments, sculptures, commercial facilities and the like. Central Park Conservancy, the body responsible for conserving the park as a whole, started a rehabilitation programme in the 1980s that was intended to prevent the degradation of certain spaces while improving other aspects. Among the areas to be reinforced were children's play areas.

Central Park was created in the last century without taking into account the need for playground provision. In the 1930s the New York Parks Department created an area surrounded by a six-foot-high wrought-iron fence. The enclosed area was an asphalt slab furnished with a few pieces of metal equipment for children to play on. The Conservancy held a competition, restricted to five professional studios, to come up with a new answer to this area, more in keeping with Central Park's character. The project that was chosen and built was by M. Paul Friedberg and Partners.

Founded in 1958, the M. Paul Friedberg and Partners urban and landscape design studio has its headquarters in Greenwich Village, and the variety of its proposals may in part be due to the ethnic diversity of its workforce: Greeks, Turks, Chinese, Irish, Israelis, Hispanics (Dorit Shahar, Kyriacos Pierides, Ural Talgat, Felix Law, Rick Parisi, Emmanuel Thingue). This team's first widelyknown work was for the Riis Park Plaza

149

in New York in 1965. Since then M. Paul Friedberg has incorporated new ideas into his designs, always with the aim of creating recreational landscapes that encourage people to adopt other more introspective attitudes.

Friedberg has also designed urban furnishing elements for parks, including attractive children's play devices and elements. His extensive and varied production has included several children's playgrounds, such as the Buchanan School Playground in Washington D.C. — which won several prizes in the 1970s — and many American educational establishments and urban spaces. Friedman's design for the 67th Street playground, Central Park, was conceived as an extension of Olmstead's design, rather than as an intrusion. He proposed a "natural" space, in harmony with its setting, to integrate the area more effectively into the rest of the park. The first measure was to eliminate the iron railing, substituting it for a three-foot wire mesh that blends in with the planted areas.

The next step was to change the area's original landform, by introducing a series of small mounds and creating a network of paths. A rock outcrop serves as the base for a 30-foot children's slide, made of polished granite.

All these play facilities have been installed in such a way that the whole area is turned into a playground. The idea was to create a play environment without perceived equipment, with the natural environment creating its own context for play. This has guided their actions, all based on a language of shapes and materials in keeping with Central Park's landscape — stone, logs, sand and water. The aim is to recreate the microcosm that inspires the games that children play in natural surroundings.

Different areas have been created for different types and levels of play to stimulate the children's physical, mental and social abilities. More active play is limited to a large Adirondack-style pavilion and a large sandbox. It is possible to play with the water from sprays in the stone amphitheatre and in a small pool around several small planted islands. In other places, lines of tree trunks are set vertically in the ground forming steps.

Another of Friedman & Partner's basic aims was to allow handicapped children to use the facilities, and so the swings and other play elements were designed so that they could also use them. Furthermore, special attention was paid to the access problems of handicapped children.

If we look in detail at the furnishings, what catches the eye is the use of simple but suggestive resources in the different play objects and areas. The child's imagination is stimulated by things like a telescope to watch the wildlife, twirl platforms, tree houses, a solar collector, swings made of tyres and a tree trunk balance beam. There are also materials and tools available for the children to build part of their own play environment.

Overall, the design of the play area in Central Park suggests that playgrounds can be provided within the context of a natural environment using the materials, shapes and symbols that already formed part of the wider surroundings. This scheme shows how to put into practice the concept of play as an interactive part of nature. This project won the 1982 First Annual Award of the New York City Arts Commission.

A pergola with double-pitched roof marks the entrance to the area.

Lines of tree trunks are another play element.

The slide fits in with the surroundings by taking advantage of the park's landform.

The project attempts to fuse the play area with Olmstead's original design for Central Park.

The metal slide forms part of a rock formation and is nine metres from top to bottom.

Una pérgola de madera a dos aguas marca la entrada al recinto.

Troncos dispuestos en formaciones escalonadas se convierten en un elemento lúdico más.

El tobogán, plenamente integrado en el paisaje, aprovecha la topografía del parque.

El proyecto pretende la fusión de la zona de juegos con el diseño original de Olmstead para Central Park.

El tobogán metálico, con nueve metros de desnivel, se encuentra empotrado en una formación rocosa.

Si la figura histórica más reconocida en EE UU en el campo del diseño paisajístico fue Friedrick L. Olmstead, no cabe duda de que la obra maestra de su producción es el famoso Central Park neoyorkino. Desde que se proyectó, en 1850, este gran parque ha sido objeto de numerosas reformas y operaciones encaminadas a dotarlo de monumentos, esculturas conmemorativas, equipamientos comerciales y otros elementos similares. En los años ochenta, los encargados de la conservación del conjunto, Central Park Conservancy, iniciaron un programa de rehabilitación destinado a frenar la degradación de ciertos espacios, potenciando y mejorando otros. Entre dichos espacios se encuentra la zona destinada a juegos infantiles.

Central Park había nacido el pasado siglo sin prever entre sus dotaciones la existencia de un espacio propio donde los niños pudieran jugar. Ya en los años treinta y cuarenta, el Departamento de Parques neoyorkino habilitó para estos fines un recinto rodeado por una cerca de hierro forjado de 1,80 m de altura en el que, sobre una plataforma asfaltada, se dispusieron unos pocos elementos metálicos para juegos. Con el fin de encontrar una nueva solución a esta área, más compatible con la naturaleza de Central Park, su oficina de conservación convocó hace unos años un concurso restringido entre cinco estudios profesionales. El proyecto elegido, y finalmente ejecutado, fue el propuesto por el equipo de M. Paul Friedberg.

El estudio de diseño paisajístico y urbano Friedberg & Partners fue fundado por su actual director en 1958. Podría afirmarse que esta firma, con sede en Greenwich Village, encuentra en cierta medida la riqueza de sus propuestas en la diversidad étnica de sus plantilla: griegos, turcos, chinos, irlandeses, israelíes, hispanos (Dorit Shahar, Kyriacos Pierides, Ural Talgat, Felix Law, Rick Parisi, Emmanuel Thingue). Su primer proyecto de amplia difusión, que dio a conocer a este equipo en 1965, fue el realizado para la Riis Park Plaza de Nueva York. Desde entonces, M. Paul Friedberg ha ido incorporando nuevos conceptos a sus diseños, siempre con el ob-

A view of the amphitheatre.

The rustic-style construction helps to integrate the scheme into the landscape.

Friedberg used a wide range of resources to encourage children to play.

Bridges, in a variety of forms and materials, are a major element of the scheme.

Vista del anfiteatro.

Las construcciones rústicas contribuyen a una mejor integración en el paisaje.

Friedberg despliega en este parque todo un abanico de recursos para el juego infantil.

Los puentes, en diversas formas y materiales, son elementos importantes en el proyecto.

TIRE SWING ACCESSIBLE TO
THE HANDICAPPED

SE
TH

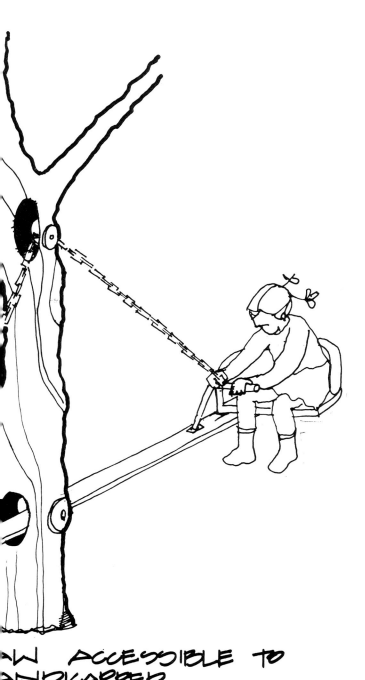

ACCESSIBLE TO
ANDICAPPED

jetivo de crear paisajes para el recreo que al mismo tiempo inviten a la gente a otro tipo de actitudes más introspectivas.

A Friedberg se debe el diseño de piezas de mobiliario urbano que incluyen sugerentes aparatos y elementos para el juego infantil. Dentro de su vasta y diversa producción paisajística se cuentan varios parques para niños, como es el de la escuela Buchanan, en Washington, D.C. —premiado en los años setenta—, en numerosos espacios urbanos y en instituciones docentes de EE UU.

El concepto de Friedberg para la zona de juegos de Central Park, enclavada junto a la calle 67, se concibe como una extensión del diseño de Olmstead, más que como una intrusión en él. Para conseguir una mejor integración con el resto del parque, Friedberg propone en su proyecto un entorno naturalista, acorde con el medio. Como primera medida, se elimina la verja de hierro existente y se sustituye por una tela metálica de 90 cm que se confunde con las masas vegetales plantadas.

La siguiente intervención consistió en recrear la topografía de la zona, introduciendo montículos provistos de vegetación y creando una serie de senderos. Un saliente de roca se convierte en base para un tobogán de granito pulido de nueve metros de longitud.

Todos los elementos lúdicos están instalados de manera tal que es el entorno en su conjunto el que viene a constituir el parque infantil. Se pretende evitar la percepción de las piezas del equipamiento como algo ajeno al lugar. Por el contrario, el medio natural ha de crear su propio contexto para el juego. De ahí la manera de operar, empleando un vocabulario de formas y materiales afín al paisaje de Central Park —piedra, madera, arena, agua—. Se pretende recrear el microcosmos que inspira el tipo de juegos que suelen darse normalmente en la naturaleza.

Se distinguen diferentes ámbitos para juegos de diversas tipologías y varios niveles de experiencias: físicas, cognitivas, sociales. Así, por ejemplo, los juegos más dinámicos se centran en torno a un pabellón de estilo *Adirondack* y una gran cubeta de arena. El juego con agua se facilita mediante surtidores integrados en un anfiteatro de piedra y en un pequeño estanque alrededor de islotes ajardinados. En la misma línea, en otros lugares se emplean troncos dispuestos verticalmente en formaciones escalonadas.

The design of the play facilities takes into account the needs of handicapped children.

El diseño de aparatos para jugar prevé las necesidades de los niños con minusvalías.

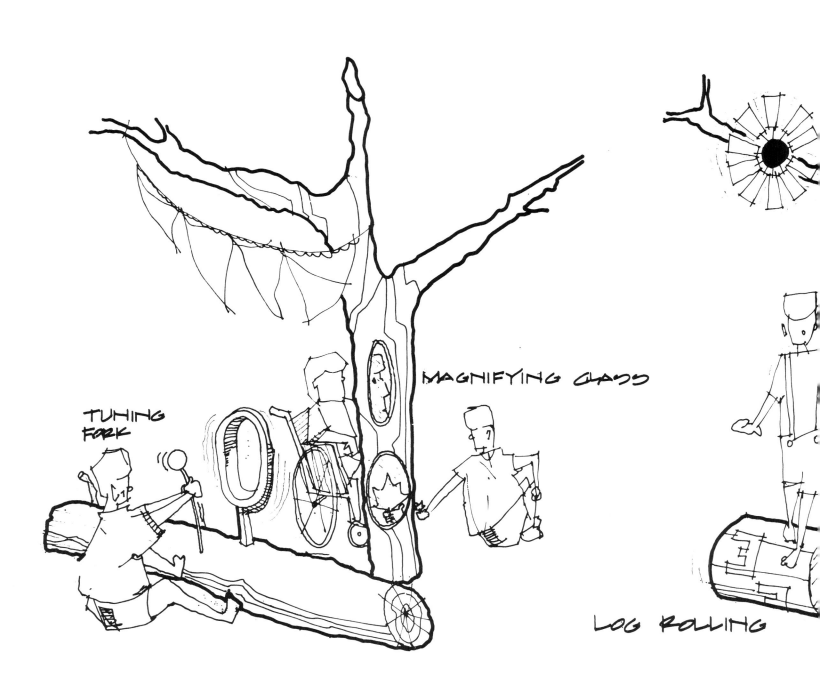

TUHING
FORK

MAGNIFYING GLASS

LOG ROLLING

156

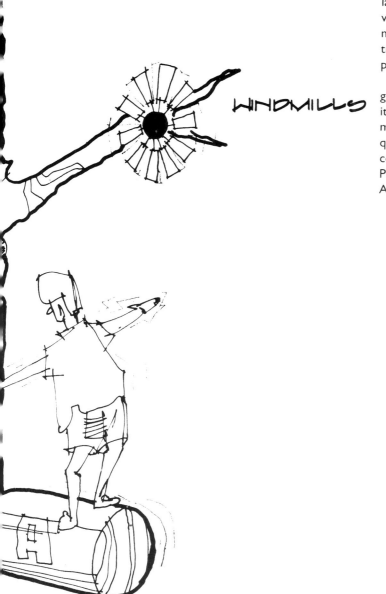

WINDMILLS

De igual modo, ha sido un objetivo fundamental de Friedberg & Partners el facilitar la participación de niños con minusvalías, y por ello se diseñan columpios y otros elementos lúdicos que también éstos puedan utilizar. A este respecto, se estudian igualmente con especial atención los temas de accesibilidad para este tipo de usuarios.

Descendiendo al detalle del mobiliario escogido, llama particularmente la atención el despliegue de recursos, sencillos pero sugerentes, observable en los aparatos y elementos destinados al juego. Se estimula la imaginación infantil con objetos tales como un telescopio para observar la naturaleza, un colector solar, troncos giratorios, plataformas de madera sobre los árboles, columpios hechos con ruedas neumáticas, un tronco para balancearse... Además, hay materiales y herramientas a disposición de los niños para que construyan parte de su entorno.

En conjunto, el tipo de diseño integrador exhibido en la zona de juegos de Central Park nos sugiere que las actividades lúdicas pueden facilitarse en el contexto de un medio ambiente natural con materiales, formas y símbolos que ya eran parte integrante del entorno más amplio al que pertenecen. Se trata, en fin, de una afortunada puesta en práctica del concepto que entiende el juego como parte interactiva de la naturaleza. Por su acertado diseño, este proyecto mereció en 1982 el Primer Premio Anual de la Comisión de Artes de Nueva York.

The play equipment is simple but suggestive and encourages children's imagination.

Sencillos pero sugerentes, los diversos artilugios estimulan la imaginación infantil.

157

Parque de Catalunya
Enric Batlle and Joan Roig

Completion date: 1992
Location: Sabadell, Spain
Client/Promoter: Sabadell Council
Collaborators: Lluís Gibert

The Parque de Catalunya, or Catalonia Park, is located in Sabadell, a city of 300,000 inhabitants that is 20 km from Barcelona. The city is an important industrial centre, something that has greatly affected its development. The scheme for the park was basically to improve the large open area that already existed, in order to alleviate the lack of large public spaces in the city.

Enric Batlle Durany (Barcelona, 1956) studied architecture at ETSAB (Barcelona Higher Technical School of Architecture) and obtained his degree in 1979. From 1978 to 1981 he worked in the offices of Ramón Mª Puig in Lérida, and that of Lluís Cantallops, José A. Martínez Lapeña and Elías Torres Tur in Barcelona. Since 1982 he has lectured on Landscape Architecture at the Vallès Higher Technical School of Architecture.

Joan Roig Durán (Barcelona, 1954) studied at ETSAB and he also finished in 1979. Between 1976 and 1981 he worked in the offices of Ricardo Bofill, Emili Donato, Lluís Cantallops and José A. Martínez Lapeña and Elías Torres. Since 1989 he has taught first-year projects at the Barcelona Higher Technical School of Architecture.

They opened their office in 1981, and since then they have carried out a large number of projects in collaboration, including many competition entries that have won first prizes. These include the competition for ideas for the Hort de la Rectoria Park; the Market and Town Hall Square Extension in Alella, Barcelona, the restricted competition for preliminary projects for the Pegaso Park in Barcelona; the restricted competition for

The lake's ramp.

La rampa del lago.

the bridge over the River Besòs in Sant Adrià de Besòs, Barcelona; the competition for preliminary projects for the Parc del Castell in Rubí, Barcelona; and the international competition to pedestrianise the centre of Amiens, France.

The site of the project under discussion is about 40 hectares, and was totally lacking in definition at the edges, with a large number of spontaneous paths that distorted any sort of defined image. The scheme aimed to recover the Parque de Catalunya as a natural area that would preserve the landscape elements already present: woodland and meadows and their special topographical characteristics of hills and vales.

The shape and location of the park mean that it is a long lineal space connecting the interior of the city to the exterior landscape, and this means that when the city grows in the future the park will also be able to grow longer. The limits to the park are defined by the new layout of perimeter roads, which also improve communications with the adjacent districts. These streets include parking for the visitors to the park. The limits to the park are indicated by the small service buildings strategically located in the access plazas, together with a small perimeter wall and stands of suitable tree species. The design of the park's boundaries is an attempt to emphasise the separation between the natural environment and the urban environment.

One end of the park runs along Francesc Macià Avenue, the axis of the city's new service industry area, and this facade serves as the access plaza to the green area. This entrance area consists of an extension of the avenue's pavement in striated grey paving with perpendicular grey bands of natural stone. There are three rows of paired trees that lead the visitors towards the bridge over the lake. The lake serves both to separate and to join two quite different worlds, by creating a separation between nature and the city, between the square and the park it conceals, and between the Francesc Macià Avenue and the park's main longitudinal path. The bridge over the lake is the transition between these opposites, and serves as the starting point to a path that leads right out of the city. One side of the bridge is for pedestrians and has a jetty for mooring the rowing boats, while the other side is a kind of dam. The water in the lake is divided into three levels giving rise to two waterfalls. It starts at the top next to a paved access square and flows rapidly, forming a waterfall you can walk under, along a path that connects the city to the park. This path alongside the falling sheet of water is rather unreal, and the noise of the water isolates the park from the outside world. The middle level of water is a boating lake at the same height as the avenue, and its outflow forms the second waterfall, in the form of a physical fracture in the dam retaining the lake. The water's lowest level serves as drainage and also serves to entice passers-by from the adjacent square.

After crossing the water, you enter the park as such, which maintains the original relief of the area. The longitudinal path serves to structure the park as an experience. The regeneration of the woodland and the maintenance of the existing grassland, together with the way rainfall is collected and channelled to water the lakeside vegetation, shape the general nature of the park. Special attention was paid to the sections, which combine Mediterranean vegetation with riverside vegetation set between rows of plane trees and low hedges, all within gently stepped relief leading to the tiered access to the lake.

This complex and careful design, together with its large size, makes the Parque de Catalunya one of the most important public areas created in Spain in the recent past.

View of the lake from the tiers.

The path inside the waterfall.

The upper level of the lake.

The lake promenade.

View of the waterfall.

Vista del lago desde las gradas del parque.

Paso interior de la cascada.

Nivel superior del lago.

Paseo del lago.

Vista de la cascada.

La ciudad de Sabadell (300.000 habitantes), enclave del parque de Catalunya, se encuentra a 20 km de Barcelona y cuenta con un pasado industrial glorioso que ha condicionado su desarrollo. El proyecto del parque consiste básicamente en la adecuación de un vasto entorno natural preexistente, que viene a paliar la carencia de espacios públicos de gran superficie de la ciudad.

Enric Batlle Durany (Barcelona, 1956) cursa estudios de arquitectura en la ETSAB (Escuela Técnica Superior de Arquitectura de Barcelona), licenciándose en el año 1979. De 1978 a 1981 trabaja en los despachos de Ramón Mª Puig en Lérida, y Lluís Cantallops, José A. Martínez Lapeña y Elías Torres Tur en Barcelona. A partir de 1982 ejerce la docencia como profesor de Arquitectura del Paisaje en la Escuela Técnica Superior de Arquitectura del Vallès.

Joan Roig Durán (Barcelona, 1954) realiza sus estudios de arquitectura en la misma escuela, acabando también en 1979. En el periodo comprendido entre los años 1976 y 1981 trabaja en los despachos de Ricardo Bofill, Emili Donato, Lluís Cantallops y José A. Martínez Lapeña y Elías Torres. Desde 1989 ejerce de profesor en la asignatura de Proyectos I en la Escuela Técnica Superior de Arquitectura de Barcelona.

A partir de 1981, ambos fundan su despacho profesional realizando un gran número de proyectos en colaboración, entre los que destacan una larga serie de concursos, todos ellos galardonados con primeros premios: el concurso de ideas para el parque del Hort de la Rectoría, ampliación del mercado y de la plaza del ayuntamiento en Alella, Barcelona; el concurso restringido de anteproyectos para el parque de la Pegaso, Barcelona; el concurso restringido para un puente sobre el río Besòs en Sant Adrià de Besòs, Barcelona; el concurso de anteproyectos para el Parc del Castell en Rubí, Barcelona; y el concurso de carácter internacional para la peatonalización del centro de Amiens, Francia.

El solar de la intervención, que abarca una extensión de 40 Ha, adolecía de una total falta de concreción de sus límites, con un gran número

Pier for the sailing boats.

Wharf and detail of lights.

Wharf with awning.

Embarcadero.

Muelle y detalle de los puntos de luz.

Muelle con toldo de cubrición.

de senderos de carácter espontáneo que distorsionaban cualquier tipo de imagen definida. El proyecto pretendía recuperar el parque de Catalunya como un espacio natural que conservara los valores paisajísticos existentes, como bosques y prados, y sus peculiares características topográficas, los cerros y hondonadas.

La forma y la localización del parque lo convierten en un espacio lineal que conecta el interior de la ciudad con el paisaje exterior, permitiendo así que el futuro crecimiento de la ciudad pueda comportar simultáneamente el crecimiento del parque. La delimitación del parque se produce a través del trazado de las nuevas vías perimetrales, que a su vez establecen una clara relación con los barrios periféricos. En estas calles se disponen los aparcamientos necesarios para los visitantes del lugar. El cerramiento del parque lo configuran los pequeños edificios de servicio situados estratégicamente en las plazas de acceso, en combinación con un pequeño muro perimetral y las plantaciones de árboles pertinentes. El diseño de estos límites tiene la voluntad de acentuar la pretendida escisión entre el entorno urbano y el natural.

La fachada del parque a la avenida de Francesc Macià, eje simbólico del nuevo centro terciario de la ciudad, se convierte en la plaza de acceso a la zona ajardinada. Esta antesala de la intervención es un ensanchamiento notable de la acera de esta vía de tráfico, con un pavimento cerámico estriado con bandas perpendiculares de piedra natural gris. En éste se disponen tres hileras de árboles pareadas que embocan el acceso hacia el puente que cruza el lago. Esta extensión de agua aparece como el elemento que separa y une dos mundos opuestos, la ciudad y la naturaleza, la plaza y el parque que se esconde detrás, la nueva avenida de Francesc Macià y el camino longitudinal que vertebra el jardín. El puente sobre el lago permite establecer la transición entre ambos dando inicio al recorrido que conduce al exterior de la ciudad. Uno de sus bordes adquiere el carácter de paseo con muelle entablado de madera, que sirve para amarrar las embarcaciones; el otro se conforma como un recorte de la naturaleza, como si se tratara de una presa. La lámina de agua del lago se divide en tres niveles distintos que dan lugar a dos cascadas. El nivel superior, en el origen del agua, está en contacto con una plaza pavimentada de acceso, y se derrama rápidamente formando una cascada con paso interior, que conecta asimismo la ciudad y el parque. Este recorrido junto a la cortina de agua, por ensordecedor, mitiga y aísla del ruido exterior y adquiere un carácter irreal y simbólico. El nivel intermedio es navegable, está situado a la misma altura que la avenida y su rebosadero da lugar a la segunda cascada, que quiebra físicamente la presa que contiene al lago. El nivel inferior actúa como desagüe y al mismo tiempo como reclamo para los viandantes que pasan por la plaza próxima.

Dejando el agua atrás, se pasa al parque propiamente dicho, que conserva el relieve original de la zona. El camino longitudinal se utiliza como instrumento para conseguir una correcta vivencia del lugar. La recuperación del bosque y el mantenimiento de los prados existentes, junto con la recogida del agua de lluvia en unos recorridos que permiten utilizarla para el riego de las plantaciones de ribera, conforman el carácter general del parque. Se ha prestado especial atención a las secciones, que van combinando el bosque mediterráneo con la vegetación de ribera entre hileras de plátanos y setos bajos, en un suave escalonamiento del relieve hacia las gradas de acceso al lago.

Es, sin duda, este diseño complejo y cuidadoso, además de su gran extensión, el que hace del parque de Catalunya una de las principales operaciones de espacio público realizadas en España en los últimos años.

Ramp down to the lake.

The break in the dam between the second and third level of the lake.

Beginning of the bridge.

Rampa en declive hacia el lago.

Presa quebrada entre el segundo y el tercer nivel del lago.

Inicio del puente.

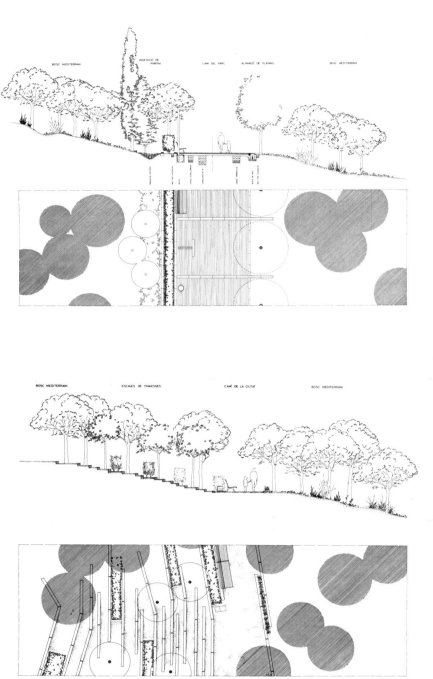

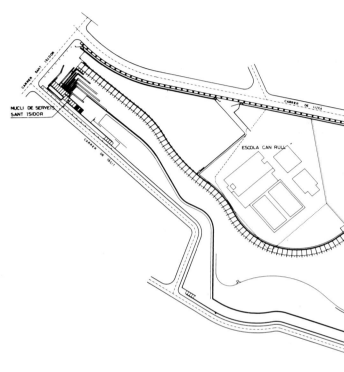

Section of longitudinal path through park.

Typical section of park.

General plan of the park.

Sección del camino longitudinal del parque.

Sección característica del parque.

Planta general del parque.

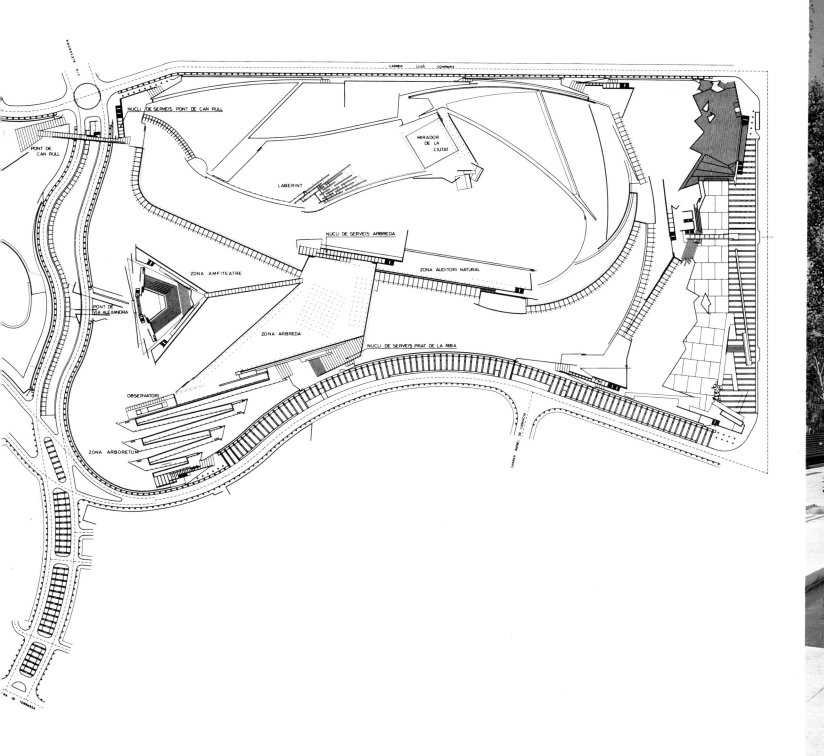

CARRER LLUIS COMPANYS

MIRADOR
DE LA
CIUTAT

NUCLI DE SERVEIS PONT DE CAN RULL

LABERINT

PONT DE
CAN RULL

NUCLI DE SERVEIS ARBREDA

ZONA AMFITEATRE

ZONA AUDITORI NATURAL

PONT DE
VIA ALEXANDRA

ZONA ARBREDA

NUCLI DE SERVEIS PRAT DE LA RIBA

OBSERVATORI

CARRER RAFAEL DE CASANOVA

ZONA ARBORETUM

Victoria Square

Birmingham Council

Completion date: 1993
Location: Birmingham, UK
Client/Promoter: Birmingham Council
Collaborators: Dhruva Mistry (sculpture)

Victoria Square is in Birmingham city centre, on a site in front of the Council House which was previously a traffic junction, and where there had never been a true square before. The planting of trees in this square was the first provision of greenery in the city centre for centuries.

The square's design is the result of the collective effort of a multidisciplinary team led by the Landscaping Practice Group within the Department of Recreation and Community Services. Rory Coonan, consultant on public art, was commissioned at the beginning of the project to advise on the choice of artists and craftspeople to participate in the project. He has also made significant input into the design development throughout the project. The sculptor responsible for the works in the square, Dhruva Mistry, is an internationally renowned sculptor and the youngest person to be admitted to the Royal Academy since Joseph Turner.

In accordance with the Hildebrandt planning study undertaken in 1988, the Council and the Planning and Architecture Department commissioned a civic square in front of the Council House. The design and budget of the square had to correspond to the strategic importance of the site and the public buildings around it, and it also had to significantly improve the views and setting. The final character of the space had to be essentially contemporary, and at the same time it had to acknowledge traditional architectural values in its use of high-quality materials and workmanship. The fine Victorian buildings around the site serve as a point of reference in the preservation of these architectural values. The square, after all, had to reflect Birmingham's status as a major, modern, progressive European city.

General view of the fountain, flights of steps and planters.

Vista global de la fuente, escalinatas y lechos de flores.

The design is based on a central fountain aligned axially with the portico that forms the main entrance to the Council House. The new square addresses the Council House, the seat of local government. The fountain is the focal point from which the paving radiates, and on either side are flights of steps giving access to the upper level.

The two ends of the fountain terminate in pools at different heights, and the drop between them is in the form of a series of stepped cascades. The design is completed with flower beds next to the steps, and trees planted to help define the different spaces. The upper part of the square, in front of the Council House, was intended for large-scale public events, while the smaller lower section is intended for more modest, intimate events.

The fountain has a total length of 29.5 m with a total drop of 3.5 m. The upper pool is 19.5 m wide and the lower one has a diameter of 11.5 m. The fountain walls are 50 cm high and the coping is 74 cm wide, allowing comfortable seating. The fountain is built in stone-clad reinforced concrete throughout. The coping is in high-quality buff-coloured sandstone, the same stone as used in the Council House. The central cascade is also lined in sandstone, lilac in colour, while the pools are lined with dark green slate. The fountains and jets in both ponds are made of bronze.

Most of the paving is in clay pavers laid in a herringbone pattern, and is designed to take heavy loads. This paving runs between the strips of natural white stone that form the design of the square's paving. The flights of steps by the side of the fountain are paved in yorkstone. The planters for bedding plants on both sides of the steps are 55 cm high in the upper part of the square and 1.7 and 2.2 m in the lower part. The *in situ* reinforced concrete planters are clad in buff-coloured sandstone, while the coping and trim base are in lilac sandstone.

The furnishings are of high quality and have a very modern feeling for detail and were designed especially for the project, with a weathered bronze appearance. This is used in the seating, litter bins, the grilles

View of the planters between the statue of Queen Victoria and the male guardian.

Night view of the square.

General view of the scheme, in front of the council building.

Vista de los lechos de flores entre la escultura de la reina Victoria y la del guardián masculino.

Vista nocturna de la plaza.

Vista global de la intervención situada enfrente de la concejalía.

around the trees, and the larger planters. Railings have been put along Waterloo Street and Christchurch Passage, and their design is in keeping with the furnishings. The railings prevent access to the flower beds and possible falls.

Trees were planted, including 15 new Turkish hazels *(Corylus colurna)* to join the two semimature hornbeams *(Carpinus betulus fastigiata)* which were already large trees about 9-11 m tall, with a crown of about 4 m and trunks about 50-60 cm in girth.

The planters use bedding plants, changed four times a year, to reflect the seasons. The bedding is within low linear hedging with conical and spherical topiary.

The lighting consists of four gaslights at the entrance to the Council House, with electric lamps throughout the rest of the area, in addition to the special fibre-optic lighting of the flight of steps. The two obelisks sculpted by Dhruva Mistry form the bases for special lamps. The same artist created the sculptures of guardians that flank the composition, as well as the allegorical sculpture in bronze, called "River," at the head of the fountain. These are in a style that is a bridge between east and west, between former civilisations and today's world. All the pieces of sculpture have flush-set uplighters to emphasise their size and imposing presence.

The overall design is reminiscent of Italy (references to the Piazza Duomo in Sienna and the Piazza di Spagnia in Rome). In addition to this effect there is the atavistic nature of Dhruva Mistry's symbolic and monumental sculptures. The plan for Victoria Square successfully includes this wide range of influences, creating a space in the heart of modernity that reveals its freedom from aesthetic preconceptions.

Allegorical sculpture, "River," in the upper pool of the fountain.

View of the female guardian, with the scheme in the background.

Escultura alegórica, "Río", sobre la lámina de agua superior de la fuente.

Vista del guardián femenino abarcando la intervención.

La plaza Victoria se ubica en el centro de la ciudad de Birmingham, en un solar frente a los edificios públicos municipales de la ciudad que anteriormente había sido un simple cruce de calles, y donde nunca antes había existido plaza alguna. La plantación de los árboles de la plaza supone la primera aportación de zonas verdes al centro de la ciudad desde hace siglos.

El diseño de esta plaza es fruto del esfuerzo común de un colectivo multidisciplinar dirigido por el equipo de paisajismo del Departamento de Servicios Recreativos y Comunitarios. El Departamento Municipal de Ingeniería supervisó en todo momento cada una de las fases de desarrollo del proyecto. Rory Coonan, consultor público en temas de arte, recibió el encargo, en una primera fase del proyecto, del asesoramiento en la elección de los artistas y artesanos que participarían en la intervención. Él mismo ha contribuido considerablemente en el proceso del desarrollo del proyecto. El artista Dhruva Mistry, responsable de la mayoría de las esculturas de la plaza, es escultor de renombre internacional, y el miembro más joven de la Real Academia de Bellas Artes de Inglaterra desde los tiempos en que Joseph Turner formaba parte de ella.

De acuerdo con el estudio sobre el planeamiento de la ciudad realizado por Hildebrandt en 1988, el Consejo de Concejales junto con el Departamento de Arquitectura y Urbanismo plantearon la necesidad de instalar una plaza cívica frente de la concejalía de la ciudad. El diseño y la factura de esta plaza debían corresponderse con la importancia estratégica del lugar y de los edificios representativos que lo rodean, al tiempo que debía mejorar su visión en la medida de lo posible. El carácter final del espacio había de ser contemporáneo en esencia, al tiempo que debía reconocer valores arquitectónicos tradicionales en el uso y el trato de materiales de alta calidad. La exquisitez de los edificios victorianos del siglo XIX que rodean el espacio debía servir de referencia en la preservación de los valores mentados. La plaza debía, finalmente, reflejar el status de grandeza, modernidad y progresismo de la ciudad europea de Birmingham.

El diseño se desarrolla en torno a una fuente central alineada axialmente con el pórtico que constituye la entrada principal del edificio de la concejalía. Esta construcción, sede del gobierno local, preside la nueva plaza de la ciudad. La fuente es el foco central a partir del cual se organiza radialmente el pavimento, y en torno al cual se disponen las escalinatas de acceso al plano superior.

Los extremos de la fuente están coronados por dos estanques situados a diferente cota cuyo desnivel se salva con pequeñas cascadas aterrazadas. El diseño se completa con parterres de flores que flanquean las escalinatas y plantaciones de árboles que ayudan a definir los diferentes espacios. El plano superior de la plaza frente a la concejalía está concebido para alojar acontecimientos públicos de gran envergadura, mientras que el plano inferior, de menor tamaño, está pensado para albergar actos de carácter más íntimo y recogido.

La fuente tiene una longitud total de 29,5 m, y salva un desnivel total de 3,5 m. El estanque superior tiene una anchura de 19,5 m y el inferior un diámetro de 11,5 m. La pila tiene una altura de 50 cm y la albardilla es de 74 cm de anchura, para permitir un asiento cómodo. Está construida en hormigón armado totalmente revestido de piedra natural. Las albardillas son de arenisca de alta calidad color ante, que es la misma piedra usada en la construcción del edificio de la concejalía. La cascada central está bordeada también de piedra arenisca de tonos lilas, y los estanques se encintan con pizarra de color verde oscuro.

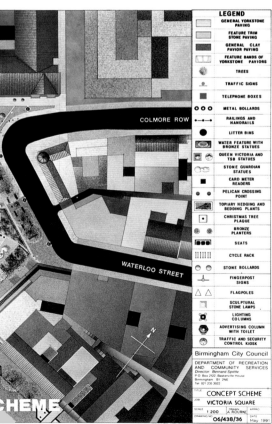

Its classical central symmetry defines this city scheme.

General plan.

La simetría central clásica define la intervención urbana.

Planta general.

La mayor parte del pavimento, formado por adoquines de material arcilloso dispuestos en espina de pez, se ha diseñado para soportar grandes cargas. Este pavimento se aloja entre las bandas de piedra natural blanca que constituyen el motivo del dibujo de la plaza. Las escalinatas que flanquean la fuente están soladas con la misma piedra natural del lugar. Los contenedores de los parterres, a ambos lados de las escalinatas, tienen una altura de 55 cm en el plano superior de la plaza y de 1,7 y 2,2 m en el plano inferior. Están construidos con hormigón armado in situ, coronados por una albardilla de arenisca color ante, y revestidos con la misma piedra en combinación con una hilada de arenisca de tonos lilas.

El mobiliario, de una gran calidad y con un sentido muy actual del detalle, se ha diseñado especialmente para este proyecto usando como material un bronce envejecido. Éste incluye asientos, papeleras, parrillas para los alcorques de los árboles, así como grandes maceteros. Se han dispuesto barandillas a lo largo de la Waterloo Street y el Christchurch Passage, de diseño emparentado con el mencionado mobiliario, cuya misión es impedir el acceso a los parterres y evitar eventuales caídas.

Las plantaciones incluyen 15 avellanos turcos nuevos (Corylus colurna) y dos carpes preexistentes (Carpinus betulus fastigiata), árboles semiadultos de gran tamaño, de una altura aproximada de diez metros, con copas de cuatro metros de diámetro y troncos de unos 50-60 cm de espesor.

Los parterres se plantaron con diferentes especies de flores, de forma que adoptaran configuraciones variadas a lo largo de las cuatro estaciones del año. Las manchas de flores se acompañan de setos vivos de baja altura, que adoptan formas lineales, cónicas y esféricas.

La iluminación está constituida por cuatro farolas de gas en la entrada de la concejalía y otras eléctricas en el resto del espacio, además de una iluminación especial de fibra óptica para la escalinata, las piezas de bronce y las estatuas del conjunto de la fuente. Dos obeliscos esculpidos por Dhruva Mistry sirven de base a sendos fanales especiales. El mismo autor ha creado las estatuas de los guardianes que flanquean la composición, así como la escultura alegórica de bronce, denominada Río, que encabeza la fuente. Éstas se han realizado en un estilo que tiende un puente entre la cultura oriental y occidental, entre las civilizaciones desaparecidas y la actual. Todas las esculturas reciben iluminación invertida que enfatiza su tamaño y su presencia imponente.

El conjunto tiene evocaciones italianizantes (referencias a la plaza del Duomo en Siena y a la plaza de España en Roma). A este efecto se debe añadir el atavismo del carácter simbólico y monumental de las esculturas de Dhruva Mistry. El proyecto de la plaza Victoria acierta a recoger estas influencias diversas y da a luz un espacio concebido en el regazo de la modernidad, que demuestra, sin embargo, no ser deudor de una estética preestablecida.

General view of the square.

General view showing the fountain as the focal point of the project.

Vista global de la plaza.

Vista general que muestra la fuente como centro neurálgico del proyecto.

General view of the square with the town hall in the background and the Council House to its right.

View of the male guardian and the town hall.

Vista global de la plaza y la fuente con el ayuntamiento al fondo y la concejalía a su derecha.

Vista del guardián masculino y del ayuntamiento.

179

Parc de la Villeneuve

Michel and Claire Corajoud

Completion date: 1974
Location: Grenoble
Client/Promoter: Urbanism Agency for the Grenoble District (AUAG)
Collaborators: Henri Ciriani, Borja Huidobro

In 1992, Corajoud received the French National Landscape Award for his contribution to the conceptual development of landscaping, his theoretical work and his professional practice. The Minister of the Environment, Ségolène Royal, congratulated the jury on their decision, pointing out that Corajoud had known how to respond to the needs of our constantly changing society, by creating spaces that correspond to the desires of the citizens and encouraging the teaching of landscape design.

In France, Corajoud is considered to be one of the great modernisers of this discipline. His vigorous struggle against the tendencies of his predecessors and their desire to *naturalise* the city at all costs, has led him to create his own theoretical approach as well as his own practice. The work of the landscape designer on the interstitial spaces of the urban area should not be dominated by the idea of nature, as the more horticulturally minded might say, but it should be a way of introducing architecture. It was necessary to end the rupture between city and nature, by creating a continuity of intentions between buildings and the external spaces they define. Unlike contemporary architecture, which is returning to the creation of hard, isolated objects, Corajoud considers landscape as the scenario for multiple relations between its elements, introducing a notion of time through the action of the plants, which incessantly retard and modify the initial project. The architect underlines the idea of horizon and this is an element present in all his recent works.

Michel Corajoud was born in Annecy, France on July 14, 1937. After studying at the Higher National School of Fine Arts in Paris, he entered the Atelier d'Urbanisme et d'Architecture (Architecture and Town Plan-

Detail of the downs, or artificial hills that form the backbone of the park.

Detalle de las lomas o colinas artificiales que constituyen la espina dorsal del parque.

ning Workshop). He worked with Jacques Simon, landscaper, between 1964 and 1966. From 1966 to 1975 he worked in association with the architects Henri Ciriani and Borja Huidobro. In 1975 he formed a partnership with his wife, Claire Corajoud, to form a landscape practice, and at this time he also started to teach at the National School of Landscaping, where he had already obtained a diploma in landscaping from the Ministry of Agriculture.

The following list includes some of Corajoud's many projects. In collaboration with the AUA he worked on the new town of Kourou in French Guiana, several housing developments in the suburbs of Paris, and the Villeneuve and Maurepas-Élencourt parks. Since 1980 he has worked on the Sausset park, the Kerguehennec sculpture park, the Jardy stud park in Vaucresson, and the general industrial plan for Dunkirk and the Argenteuil park.

In spite of the imposing background presence of the Vercors massif, with its steep calcareous walls in apparent dialogue with the luminous Arlequin cliff, it is undeniable that the Villeneuve park is not very *natural*. It consists of fragments of an orthogonal network spread over rounded hillocks that are more reminiscent of the human body than of hills. Le Nôtre appears to have detested nature. Corajoud transfers this disgust to the modern city, especially after observing that the remains of nature introduce an additional violence into the nameless architecture without references that is low-rent housing. He rejects the naturalist tradition by introducing geometry and restoring the importance of the project to the landscaper's craft. Even later, when he abandoned this intention of making landscape into architecture, in Villeneuve he clearly showed his desire to allow the city to make its mark on the very landscape that is an extension of the city.

The conflict between geometry and geography is the basic theme behind the conception of the 20-ha Villeneuve park in Grenoble. The French countryside has acquired its definitive geometric forms as a result of agriculture and time, leading to rigorous geometries being superimposed on a preexisting geography, but Villeneuve park's geometry was determined by its site, rigorously flat planes surrounded by architecture. This made it necessary to bring geography in, to import it. This imported geography, however, could not be immaculate nature but only a reference to nature, a different culture. This is the reason for the rounded hillocks, deformations in the initially flat grid that bend all its lines, going further than architecture's field of influence — the play of light and shade created by the facades of the buildings.

To meet this challenge — architectural space versus imported nature — Corajoud organised the space (750 m long by an average of 250 m wide) in volumes that follow one after another. Each scale has its volumes, meaning that the landscape can be read in a variety of ways, due to the fact that the park's basic design consists of 25 by 25-m square blocks at 45° to the north-south axis and a finer network of 6.25 × 6.25-m squares. The first level is that of the *autolandscape*, consisting of the series, or line, of artificial hillocks following a north-south alignment and forming the backbone of the park. The *autolandscape* acts as a reference, submitting itself to the discipline of nature and breaking the space into smaller units. By creating very different viewpoints and a large number of inclined planes, it acts upon the awareness of the visitors, allowing them to vary their sensations and extending the gardened space they perceive. In the second place there are several created landscapes consisting of trees in rigorous lines (a rigour that is somewhat frustrated when the lines of

Many visual screens, hedges, trees and inclined planes contribute to increasing the perceived size of the park.

The rigorous alignment of the trees is softened when they rise up the sloped hillocks.

Las numerosas pantallas visuales, setos vivos, árboles y planos inclinados, contribuyen a aumentar las dimensiones del parque en la percepción del paseante.

El riguroso alineamiento de los árboles queda suavizado cuando éstos vencen la pendiente de la loma.

trees go up the slopes), the central square and the changes in the landscape. In the third place it is an induced landscape, an essential facility provided by the park when it approaches the buildings. The park loses some of its rigour in this interface in order for the external influences of the built space to express themselves clearly. In an opposite sense, a dense mass of trees completely hides the bases of the buildings and softens their outlines.

The park is surrounded by buildings, except on one side where it opens out to a landscape stretching to the horizon. The buildings that surround the park house several schools, whose outdoor facilities are separated from the park by small slopes. The main axes of the park converge on a brick-paved square that is folded in on itself, although it opens to the south onto a 0.5-ha lake. This lake is shallow and an ideal play area for children.

Dialogue between the flat spaces, which refer to the original landform, and the undulating forms of the artificial hillocks.

Insertion of the park's autolandscape in its setting.

Diálogo entre los espacios planos, alusivos a la fisonomía original, y los espacios ondulados de las lomas artificiales.

Inserción del autopaisaje del parque en el entorno circundante.

En 1992, Corajoud recibió el Gran Premio Nacional del Paisaje por su contribución al desarrollo de las ideas en el área del paisajismo, por el conjunto de sus realizaciones y por la coherencia entre su razonamiento teórico y su práctica profesional. La ministra francesa de medio ambiente, Ségolène Royal, felicitó al jurado por su decisión, señalando que Corajoud supo responder a las necesidades de nuestra sociedad en perpetua mutación, creando espacios que corresponden a las aspiraciones de los ciudadanos y dando un nuevo impulso a la enseñanza del paisajismo.

Corajoud, en efecto, está considerado en Francia como uno de los grandes renovadores del oficio. Luchando enérgicamente contra la tendencia de sus precursores, que querían a toda costa *naturalizar* la ciudad, funda al mismo tiempo su pensamiento innovador y su práctica. El trabajo de los paisajistas sobre el espacio intersticial de la urbe ya no debía estar presidido por la idea de naturaleza, como preconizaban los alumnos de la escuela de horticultura, sino erigirse en una forma de introducción de la arquitectura. Había que acabar con la ruptura entre ciudad y naturaleza y crear, en cambio, una continuidad de intenciones entre los edificios y los espacios exteriores que éstos determinan. Pero, a diferencia de la arquitectura actual que vuelve hacia los objetos aislados y duros, añade hoy Corajoud, el paisaje escenifica relaciones múltiples entre sus elementos, introduciendo asimismo una noción del tiempo mediante la acción de los vegetales que retardan y modifican sin tregua el proyecto inicial. El autor, en fin, subraya la noción de horizonte que, en todos sus trabajos recientes, es una constante inexorable.

Michel Corajoud nació en Annecy (Francia), el 14 de julio de 1937. Tras estudiar en la Escuela Nacional Superior de Artes Decorativas de París, entra a formar parte del Atelier d'Urbanisme et d'Architecture (Taller de Urbanismo y de Arquitectura), asociándose con Jacques Simon, pasajista, de 1964 a 1966. A partir de este último año, y hasta 1975, se asocia con los arquitectos Henri Ciriani y Borja Huidobro. En 1975 lo hace con su mujer, Claire Corajoud, para formar un taller de paisajismo y, también en esta fecha, empieza a impartir cursos en la Escuela Nacional del Paisaje, en la que obtuvo previamente un diploma en paisajismo por el ministerio de Agricultura.

Entre los múltiples proyectos de Corajoud podemos citar los siguientes; con la AUA: ciudad nueva de Kourou en la Guayana Francesa, varios grupos de viviendas en el extrarradio de París y parques de la Villeneuve y de Maurepas-Élancourt; a partir de 1980: parque del Sausset, parque de esculturas de Kerguehennec, parque de los Haras de Jardy en Vaucresson, esquema industrial general de Dunkerke y parque de Argenteuil.

A pesar de la imponente presencia, al fondo, del macizo del Vercors, cuyas abruptas paredes calcáreas parecen establecer un diálogo con el acantilado luminoso del Arlequin, es innegable que el parque de la Villeneuve es muy poco *natural*: fragmentos de una retícula ortogonal que se extienden sobre unas redondeces más típicas de cuerpos humanos que de colinas. Le Nôtre, según parece, detestaba la naturaleza. Y Corajoud, transladando este disgusto a la ciudad moderna, sobre todo después de observar que los restos empobrecidos de la naturaleza introducen una violencia adicional en esta arquitectura sin nombre y sin referencias que son las viviendas de renta limitada, rehuye la tradición naturalista, introduce la geometría y restaura la dimensión del proyecto en el oficio de paisajista. Y, aún cuando más tarde abandona esta voluntad de hacer del paisaje una arquitectura, lo cierto es que en la Villeneuve queda bien plasmada esta voluntad de permitir que la ciudad deje grabados sus trazos en el suelo del paisaje que la prolonga.

A voluntary landscape: the central square. *Un paisaje voluntario: la plaza central.*

El conflicto entre geometría y geografía, en efecto, es el tema de base en la concepción de este parque de 20 Ha que es la Villeneuve de Grenoble. Pero, al contrario de la campiña francesa, que ha adquirido sus formas geométricas definitivas al filo de los años y de los trabajos agrícolas —rigurosas geometrías inscritas en una geografía preestablecida—, en la Villeneuve la geometría venía dada por el lugar de origen: terrenos rigurosamente planos rodeados por la arquitectura. En consecuencia, era necesario traer la geografía de fuera, importarla. Pero esta geografía importada no podía ser la de un mundo virgen sino tan sólo una naturaleza citada, en suma, otra cultura. De ahí esos hinchamientos del suelo, esas deformaciones de la retícula inicialmente plana que, más allá de las zonas de influencia de la arquitectura —los juegos de luz y de sombra creados por las fachadas de los edificios—, dan combadura a todas sus líneas.

Para levantar este reto —espacio arquitectónico versus naturaleza importada—, Corajoud organiza el espacio (750 m de longitud por una anchura de 250 m en promedio) en volúmenes que se suceden unos a otros. A cada escala le corresponde una volumetría y así, gracias al hecho de que a la trama de base del parque, compuesta por cuadrados de 25 × 25 m orientados a 45° con respecto al eje norte-sur, corresponde una trama más fina hecha de cuadrados de 6,25 × 6,25 m, el paisaje admite en su lectura varios tipos de registro. En primer lugar el denominado *autopaisaje*, constituido por la cadena o serie de colinas artificiales, auténtica espina dorsal del parque orientada norte-sur. El autopaisaje actúa como referencia, disciplinándose a la naturaleza y descomponiendo el espacio en varias unidades. Mediante la creación de puntos de vista muy distintos y de infinitos planos inclinados, actúa sobre la percepción del paseante, permitiéndole variar sus sensaciones y dilatando el espacio ajardinado que percibe. En segundo lugar, diversos paisajes voluntarios, en los que intervienen la rigurosa alineación del arbolado —rigor que se ve frustrado en cierto modo cuando las arboledas escalan abruptamente las pendientes—, la plaza central y las mutaciones del paisaje. En tercer lugar, un paisaje inducido, cortesía inexcusable del parque en su aproximación a los edificios. En esta zona de interfase, el parque pierde parte de su rigor, a fin de que se expresen libremente las influencias exteriores del espacio edificado. En sentido inverso, no obstante, una masa de árboles muy apretados ahoga por completo las bases de los edificios y suaviza sus contornos.

El parque está rodeado de edificios, excepto por uno de sus lados, donde abraza un paisaje que llega hasta el horizonte. Los edificios que rodean al parque albergan varias escuelas; sus equipamientos exteriores quedan separados del parque por unos ínfimos taludes. Los principales ejes del parque covergen a una plaza pavimentada de ladrillos, replegada sobre sí misma, aunque abierta por su lado sur a un lago de unas 0,5 Ha. La escasa profundidad del lago lo erige en un espacio lúdico ideal para los niños.

Detail of the park, showing the base grid.

Another of the many viewpoints in the park; in the background the imposing Vercors calcareous massif.

Detalle del parque en el que se aprecia la trama de base.

Otro de los múltiples puntos de vista que ofrece el parque: al fondo, el imponente macizo calcáreo del Vercors.

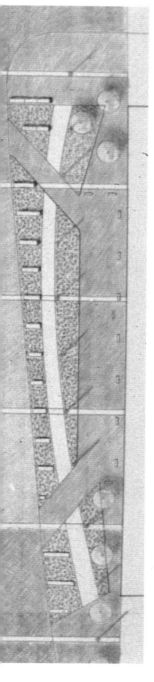

Still water pool.

Turbulent pool.

General plan of the square.

Estanque de aguas quietas.

Estanque borboteante.

Plano general de la plaza.

Les Droits de l'Homme Square

Kathryn Gustafson

Completion date: 1991
Location: Evry, France
Client/promoter: Evry Council
Collaborators: Gérard Pras, Sylvie Farges, Caroline Barthelmebs

Landscape designer Kathryn Gustafson uses a conceptual framework to give form to her open spaces, courtyards and gardens. Since 1989, her agency Paysage Land has designed and built numerous projects in Europe, mostly in France, in collaboration with designers, engineers and architects.

Kathryn Gustafson explores the sculptural qualities of the landscape, using clay as an investigative material and to make her preliminary models. Her work on a large scale remodels land movements and enhances the appearance of the formal elements within the project. Organic forms are juxtaposed against the angular elements of buildings; the fullness of geometric forms thus contrasts with the fluidity of land movements. While horizontal lines serve as foundations for buildings, the ground plane acts as a conducting element, the zone of contact between the ground and the human body. Movement is not only illustrated by flowing water and rustling leaves, but also, albeit more implicitly, by the dynamic forms of all her projects. These dynamic forms, which seem to have arisen spontaneously, in fact derive from the site's environment, the site itself and the designed landscape.

Kathryn Gustafson, a USA citizen, studied Applied Arts at the University of Washington in Seattle, Washington (graduating in 1970), and Styling and Textile Design at the Fashion Institute of Technology in New York (AAS, 1971). Since 1973 she has been living in France, where she studied Landscape Architecture at the École Nationale Supérieure du Paysage, in Versailles, obtaining her diploma in 1979.

Her professional career started in the world of fashion, in which she worked as a stylist, first in Paris and then in New York. She started working professionally in landscape design in 1980, and she established her independent landscape architecture agency Paysage Land in 1989.

The numerous projects in which she has been involved in since — in collaboration with Philippe Marchand, Caroline Barthelmebs, Sylvie Farges and others — include: the three 30,000 m^2 greenhouses in the La Villette Park, Paris (the second was completed in 1987, while the first and third are still in the project phase), the result of a series of studies of and programmes for the park; the Evangile park in Paris's 18th district (prizewinner of the competition held by Paris City Council); the outdoor spaces of Passy Park in one of the wealthiest areas of Paris (prizewinner of the Fougerolles competition, 1993); the ESPED garden in Orléans (prizewinner in the April competition, 1993); the Poix-Terron diversion of the national N51 highway in Charleville-Mezières (award in June 1993); and the project now under discussion, Human Rights Square in Evry.

As well as the awards for her projects mentioned above, in 1993 Kathryn Gustafson received the Academia 1977 Foundation's 1992 Architecture Medal for her accomplishments.

Human Rights Square is located in the centre of Evry. It is bordered to the north by the boulevard Coquibus and to the south by the new town hall and Mario Botta's future Cathedral. It is separated from the Chamber of Commerce and Industry to the east by a walkway, and from the Cathedral cloister to the west by the future main vehicle access.

The square was conceived as a central place for free expression, concise and dynamic, suitable for playing, and artistic or other cultural activities. By giving priority to pedestrians, the square reduces the impact of traffic. To highlight the surrounding buildings, light-coloured grey granite from Brittany was chosen for paving. To structure the square and give it scale, a grid of white paving — crystal granite from Castile — was used.

Part of the square is built over an underground public car park, whose pedestrian and vehicle access therefore had to be incorporated into the design. The car park was also a determining factor in the project's design, as much of the work had to be constructed on flagstones.

The planning of the square was completed with lighting effects which create a theatrical atmosphere, a still water pool, moving water and a grid of vegetation. The square is decorated with three fountains, each with a different feeling. The still water pool enhancing the town hall is an organic form in Brazilian green granite. The field of water jets is a recreational area, controlled by a device with nine separate circuits which make it possible to vary the height of the jets from zero to three metres. The curves and movement of the jets were inspired by large cornfields blowing in the wind and streams flowing through gardens. The turbulent pool is a strip of water in perpetual movement, crossed by three small footbridges in white granite, with submerged spotlights illuminating the moving water from below.

The square offers many viewpoints and the differences in level are connected in each direction, forming links between the different buildings. The slightly sloping ground communicates the town hall with the boulevard. In front of the town hall, there is a "faultline" that gradually diminishes, ensuring that this building dominates the square. The large still water pool borders this space and extends it to the cathedral. The almost overwhelming presence of water is the element which best combines with the mineral world.

As in other works by the same author, her conception of landscape

Mirror pool in green granite, full of water.

Mirror pool in green granite.

Metal balustrade.

Detail of the large pool which shows the inscription "Place des Droits de l'Homme."

The field of water jets and the turbulent pool are on a lower level.

Estanque espejo de granito verde lleno de agua.

Estanque espejo de granito verde.

Balaustrada de metal.

Detalle del gran estanque que muestra la inscripción Plaza des Droites de l'Homme.

La Playa de surtidores y el estanque borboteante están a un nivel inferior.

is on a large scale, with attention to detail and compositional elements: stone, water, earth and vegetation. The use of the latest technology made it possible to programme the water effects, the artificial climates and the roof gardens. In this and her other projects, however, it is the fountains and pools that contribute most to the vitality and movement.

La paisajista Kathryn Gustafson explora las cualidades esculturales del paisaje, utilizando la arcilla como material de investigación y para la realización de sus bocetos. Su trabajo a gran escala remodela los movimientos de tierras y realza la apariencia de los elementos formales del proyecto. Las formas orgánicas quedan yuxtapuestas a la ortogonalidad de los elementos construidos; así, a la plenitud de las formas geométricas se opone la fluidez de los movimientos de la tierra. Mientras las líneas horizontales sirven de cimientos a los edificios, el plano actúa como elemento conductor, la zona de contacto entre el suelo y el cuerpo humano.

El tema predominante en los trabajos de Kathryn Gustafson es el movimiento. Movimiento que ilustran no sólo el fluir del agua y el murmullo de las hojas sino también, aunque de un modo más implícito, las formas dinámicas de todos sus proyectos. Estas formas dinámicas que parecen haber nacido espontáneamente son, a decir verdad, la esencia ambiental, la individualidad misma del lugar y del paisaje proyectado.

Kathryn Gustafson, natural de EE UU, estudió artes aplicadas en la universidad de Washington, en Seattle, Washington, (licenciatura en 1971), y estilismo y diseño textil en el Fashion Institute of Technology de Nueva York (AAS, 1971). Desde 1973 reside en Francia, país en el que cursó sus estudios de paisajismo; concretamente, en la Escuela Nacional Superior de Paisajismo, en Versalles, obteniendo su diploma en 1979.

Su singladura profesional se inicia en el mundo de la moda, sector en el que trabajó como estilista, primero en París y luego en Nueva York. Sus inicios profesionales en el paisajismo se remontan a 1980; en 1989 se establece como paisajista independiente con su agencia Paysage Land.

Entre los numerosos proyectos en que ha tomado parte desde entonces en colaboración con Philippe Marchand, Caroline Barthelmebs, Sylvie Farges y otros pueden destacarse los siguientes: los tres invernaderos de 30.000 m² del Parc de la Villette, en París (el segundo fue realizado en 1987, mientras que el primero y el tercero se encuentran aún en fase de proyecto), corolario a una serie de estudios y programas en torno al mismo parque; el parque Evangile en el 18ème parisino (premio del concurso ciudad de París); los espacios exteriores del parque de Passy en una de las zonas residenciales de París (premio del concurso Fougerolles); el jardín de la ESPEO en Orléans (premio del concurso abril 1993);

la desviación de Poix-Terron de la carretera nacional 51, en Charleville-Mezières; y el que nos ocupa, la Place des Droits de l'Homme de Evry.

Además de los premios mencionados en la lista de proyectos, Kathryn Gustafson recibió en 1993 una medalla de arquitectura de la fundación de la Academia 1977 por el conjunto de su obra.

La plaza des Droites de l'Homme se sitúa en el centro de Evry. El bulevar de los Coquibus la limita por el norte y, por el sur, linda con el nuevo ayuntamiento y con la futura catedral de Mario Botta. Una calle peatonal la separa del edificio de la Cámara de Comercio y de Industria por el este, mientras que la futura vía de acceso principal la separa por el oeste del cercado de la catedral.

Situada en el corazón mismo de la ciudad nueva, la plaza ha sido concebida como un lugar de expresión libre, conciso y dinámico, disponible para el juego, las manifestaciones artísticas y otros eventos culturales. Dando prioridad al peatón, la plaza disminuye el impacto de las vías. Para poner en evidencia los edificios circundantes, se escogió un pavimento en tonos claros, un granito cris céltico procedente de Bretaña. Las franjas de piedra más clara de granito blanco cristal procedente de Castilla le confieren a la plaza escala y estructura.

Situada en parte sobre un aparcamiento público, la plaza tuvo que integrar los accesos peatonal y motorizado en su diseño. El aparcamiento también actuó como elemento determinante del proyecto ya que gran parte de la obra tuvo que realizarse tomando una losa como base.

El ordenamiento de la plaza se completó con una iluminación muy variada que crea un efecto teatral, con un estanque de aguas quietas, con los juegos del agua en movimiento y con una trama vegetal. La plaza está adornada por tres fuentes, cada una animada de un modo diferente. El estanque de formas orgánicas tapizado de granito verde brasileño, que contiene agua en remanso, subraya el edificio del ayuntamiento. La *playa* de surtidores es un espacio lúdico orquestado por un automatismo que, con nueve circuitos separados, permite hacer variar de cero a tres metros la altura de los chorros. Las curvas y los movimientos de los chorros han sido inspirados en extensos campos de trigo ondeando al viento y en los cercados que recorren las cañadas. El estanque borboteante es una extensión de agua perpetuamente agitada a alturas que varían entre cero y siete metros, separado por tres pequeñas pasarelas de granito blanco bajo las cuales unos proyectores sumergidos iluminan el agua en movimiento.

La plaza ofrece múltiples puntos de vista y las transiciones de nivel se resuelven en cada dirección formando nexos de unión entre los distintos edificios. Su suelo, en suave declive, comunica el ayuntamiento con el bulevar. La plaza, en efecto, se inscribe frente al ayuntamiento mediante una fractura en el suelo que disminuye gradualmente. La fractura le ofrece al ayuntamiento un punto de vista dominante. El gran estanque de aguas quietas limita dicho espacio y lo prolonga hacia la catedral. El agua, casi dominante en esta composición, es el elemento que mejor combina con el mundo mineral.

Curved bench and flower bed.   *Banco y parterre curvos.*

View of the field of water jets and the turbulent pool.   *Toma de la playa de surtidores y estanque borboteante.*

Long Nose Point
Bruce Mackenzie & Associates

Completion date: 1980
Location: Birchgrove, New South Wales, Australia
Client/Promoter: New South Wales State Planning Authority, Leichhardt Council
Collaborators: Catherine Bull (contract and design supervision), Greg Walshe and Mel Alagich (council engineers)

The site now occupied by Long Nose Point Park, in Sydney, was acquired by the New South Wales planning authorities in 1971 as part of their programme to recover potentially valuable sites for recreational and environmental improvement purposes. The Birchgrove site was run down and partially occupied by the remains of an abandoned harbourside industrial operation. The authorities' intention was to use the site to create a harbourside parkland similar to the nearby Illoura Reserve in Balmain, which had already proved to be popular with the public.

The Bruce Mackenzie & Associates landscape design studio was responsible for both Illoura Reserve and Long Nose Point, which won prizes from the Royal Australian Institute of Architects in 1972 and 1982 respectively. Until January, 1993, the firm was run by Bruce Mackenzie, Malcolm Graham and Larraine Mackenzie. Bruce Mackenzie was born in Sydney in 1932, studied at East Sydney Technical College, and has been a member of the Australian Institute of Landscape Architects (AILA) since 1969. Malcolm Graham was born in 1959 in Sydney and obtained his degree in Landscape Architecture from the University of New South Wales in 1982.

In 1986 Long Nose Point and Illoura Reserve were included in the Australian National Trust's register for their exemplary value. In 1979 both projects had been the subject of articles in the first issue of "Land-

The old industrial site has been reformed into a series of levels and replanted with indigenous species.

El antiguo enclave industrial se reorganiza en varios niveles y se replanta con especies autóctonas.

scape Australia," because of their pragmatic approach to the conservation and recovery of local natural forms. The parks designed by Bruce Mackenzie & Associates include Bicentennial Park-Glebe in Leichhardt, the Ku-ring-gai Bicentennial Park in West Pymble, the Blackbutt Reserve in Newcastle, the Mildura Cultural Park, the Port Botany Open Space in Sydney, which won the AILA prize in 1986, and Pacific Park in Newcastle.

Both Illoura Reserve and Long Nose Point are clear examples of the philosophy that would later dominate Australian landscape design throughout the 1970's, a conscious attempt to design within an ecological framework, using native vegetation in order to partially reproduce the area's original natural ecosystem, as a recreational alternative in the urban context.

After the demolition of the industrial installations and clearance of the site in 1972, the triangular Long Nose Point Peninsular with its spur jutting into the harbour was ready. Its location within Port Jackson is more prominent than that of Illoura Reserve on Peacock Point. The site's topography is abrupt, and this led to the use of a greater complexity of levels, passageways and microenvironments. Basically, there are three interconnected levels, bounded by sandstone and blocks of vegetation. After the development master plan had been accepted, responsibility for the maintenance and management of Long Nose Point passed to Leichhardt Council.

The first step was to remove all traces of the old brick, stone and concrete walls, footings, pipelines, etc., as well as concrete paths, ramps, and driveways. This allowed the base rock forms to be exposed. Elements of the old wharf's piling were used as construction and screening material, giving a pleasant texture and character, while also evoking harbourside associations. The old telegraph poles were kept as furnishings for the park.

The long access from Louisa Road runs along an avenue of fig trees, marking the edge of the urban area. The different levels and vantage points in the park are interconnected by paths paved in stone, and the stone walls are deliberately arranged to reflect the substrata of the bare rock faces in the arrangement of their courses. There are discrete customised lawn areas, and special attention was paid to redesigning the old structure of the wharf, which had been partially demolished by a drifting freighter. The aim was to recover the wharf as a key element of the harbourside park and also as a two-level deck where people can fish and watch.

The organising principle behind Long Nose Point is the subtle sequence of flowing features, not obviously defined. At the same time, it was also considered important to express the shape of the land form, characterised by rock outcrops and softly moulded earth. The overlying construction should respect this without trying to hide or smother it. The harbour's activity makes an interesting backdrop, framed in many ways from the park. From the redesigned wharf to the south, there are panoramic views of the city and the Harbour Bridge.

Long Nose Point uses the same range of materials previously used in the Illoura Reserve. Sandstone for the walls, flagstones for paving, rough-sawn timber pressure-impregnated with Tanolyth, etc... About 2,300 trees, shrubs and ground cover plants, ranging from *Eucalyptus* to violets, were planted.

In a country like Australia, where most of the population lives in large urban communities, parks like Long Nose Point or Illoura Reserve offer the chance to escape from the tension of the city and rest within a setting inspired by the spontaneous informality of the local environment, creating

Fishing, relaxing in the shade and watching the boats go by are simple pleasures to be enjoyed in the new park.

The "Point," renovated and reinforced with new stonework, juts into the harbour.

Pescar, descansar a la sombra y observar los barcos son placeres sencillos del nuevo parque.

El Point, conservado y reforzado con nueva obra de sillería, se proyecta hacia el interior del puerto.

new leisure opportunities. It is not exactly a nature reserve or a garden housing a collection of native species. The idea is rather a series of parks in the vast urban region of Sydney that should faithfully reflect the diverse ecosystems of the area, such as heaths, shores, and woodlands.

Los terrenos que actualmente ocupa el parque urbano de Long Nose Point, en las cercanías de Sydney, fueron adquiridos en 1971 por las autoridades urbanísticas de Nueva Gales del Sur dentro de un programa de recuperación de enclaves potencialmente valiosos de cara a la mejora medioambiental y a propósitos de recreo. Por entonces, este solar de Birchgrove era un lugar deteriorado y ocupado parcialmente por los restos de una planta industrial portuaria abandonada. En la mente de los poderes públicos estaba el crear en este emplazamiento un parque portuario de carácter similar a Illoura Reserve, en el adyacente suburbio de Balmain, que ya estaba demostrando su popularidad entre la población.

El estudio de paisajismo Bruce Mackenzie y Asociados fue el responsable de ambos proyectos, Illoura Reserve y Long Nose Point, merecedores ambos de sendos premios del Real Instituto Australiano de Arquitectos en 1972 y 1982, respectivamente. Hasta enero de 1993, han estado al frente de esta firma: Bruce Mackenzie, Malcolm Graham y Larraine Mackenzie. Bruce Mackenzie, nacido en Sydney en 1932, estudia en el Technical College de Sydney Este y es miembro del Instituto Australiano de Arquitectos Paisajistas (AILA) desde 1969. Malcolm Graham, nacido en 1959 también en Sydney, es arquitecto paisajista por la Universidad de Nueva Gales del Sur desde 1982.

En 1986 Long Nose Point e Illoura Reserve fueron incorporados por su valor ejemplar al registro del National Trust australiano. Ya en 1979 ambos proyectos habían sido publicados en el primer número de «Landscape Australia», por su pragmático enfoque de la recuperación y conservación de las formas naturales autóctonas. Entre los parques más recien-

The wharf has been provided with an upper deck viewing platform, with seating and facilities for fishing.

Old wharf piles provide material for a colourful play structure.

The designed "roughness" of the park makes it seem remote from the city centre, just across the water.

La estructura del muelle se dota de un mirador en altura, donde sentarse o pescar.

Antiguos pilares del muelle proporcionan material y estructuras donde jugar.

La tosquedad del parque parece muy remota del centro urbano, situado en la orilla opuesta.

tes salidos del estudio Bruce Mackenzie y Asociados encontramos: Bicentennial Park-Glebe, Leichhardt; Ku-ring-gai Bicentennial Park, West Pymble; Blackbutt Reserve, Newcastle; Parque Cultural Mildura; Espacio Abierto Port Botany, Sydney, premio AILA en 1986; y Pacific Park, Newcastle.

Tanto Illoura Reserve como Long Nose Point demuestran claramente lo que habría de convertirse en filosofía dominante del diseño paisajístico australiano en los años setenta: se trata de un intento consciente de diseñar en un marco ecológico empleando vegetación autóctona para reproducir parcialmente el ecosistema natural original de la zona como alternativa de recreo en el contexto urbano.

Con la demolición en 1972 de las instalaciones industriales y posterior desescombro del lugar, queda limpia la yerma península triangular de Long Nose Point, cuyos agudos bordes se adentran en el puerto. Su situación más prominente dentro de Port Jackson que en Illoura Reserve, en Peacock Point, unida a su acusada topografía, conducen a una mayor complejidad de niveles, pasajes y microambientes. Básicamente, hablamos de tres niveles interconectados y que delimitan salientes de roca arenisca y masas de vegetación. Consecuentemente a la aceptación inicial de un plan director acordado para su desarrollo, Long Nose Point pasa al municipio de Leichhardt, actual responsable de su gestión y mantenimiento.

Como primera medida del proyecto, se elimina toda traza de viejos muros de ladrillo, piedra y hormigón, cimentaciones, tuberías..., así como de senderos, rampas y accesos rodados de hormigón. Esto permitió dejar vistas las superficies rocosas. Antiguos elementos de pilotaje del muelle fueron empleados como material de construcción y apantallamiento, lo que permitió conseguir un carácter y texturas agradables, además de evocar asociaciones con la ribera del puerto. Viejos postes telegráficos, por otra parte, se aprovechan también como mobiliario del parque.

El largo acceso por Louisa Road se prolonga en una avenida de higueras que definen el borde de la zona urbana. Los diferentes niveles y miradores del parque se conectan entre sí mediante senderos empedrados y los muros de piedra proyectados reflejan deliberadamente en la disposición de sus hiladas el informal discurrir de los estratos en las desnudas superficies de roca. Se instalan discretas zonas individualizadas de césped y se rediseña con especial atención la antigua estructura del muelle, parcialmente demolida por un carguero a la deriva, para recuperarla como pieza clave de este parque de carácter portuario y también como cubierta de dos niveles donde pescar y observar.

Como principio organizador, los diferentes espacios de Long Nose Point se suceden como una secuencia fluida de acontecimientos, sin definirse de manera demasiado obvia. Al mismo tiempo, importa aquí dar plena expresión a la forma del terreno, caracterizada por salientes de roca y tierras suavemente moldeadas, por lo que la construcción que se añade respeta esta expresión y no la oculta ni la suaviza. La actividad portuaria constituye un interesante telón de fondo, enmarcado de formas diversas desde el parque. Desde el muelle recuperado en el flanco sur se cuenta con amplias vistas sobre la ciudad y Harbour Bridge.

En Long Nose Point se repite la paleta de materiales seleccionados para Illoura Reserve unos años antes: piedra caliza en los muros, lajas de piedra en el pavimento, maderas toscamente cortadas e impregnadas a presión con *tanolyth*, etc. En cuanto a la vegetación, se emplean 2.300 árboles, arbustos y especies menores, que van del eucalipto a la violeta.

En un país como Australia, en el que el grueso de la población vive en grandes comunidades urbanas, parques como Long Nose Point o Illoura

Reserve ofrecen una alternativa de descanso y escape de la tensión de la vida en las ciudades dentro de un marco inspirado en la espontánea informalidad de la naturaleza local, añadiendo con ello nuevas opciones de ocio. Sin ser exactamente ni una reserva natural ni un jardín común de especies endémicas, se piensa en un conjunto de parques que dentro de una vasta región urbana, como la de Sydney, refleja fielmente los diversos ecosistemas de la zona, tales como los brezales, las riberas o los bosques.

New vegetation reflects the site's natural character and acts as a frame for views of the city and the port.

One of the "secret" passageways which lead to hideaways.

La nueva vegetación refleja el carácter natural del lugar y enmarca nuevas vistas hacia la ciudad y su puerto.

Uno de los pasajes secretos que conducen a lugares recogidos.

Tezozomoc Park

Grupo de Diseño Urbano

Completion date: 1982
Location: Azcapotzalco, Mexico
Client/Promoter: Delegación of Azcapotzalco, Mexico D.F.
Collaborators: Tomás Calvillo (historical references); D.I. Jorge Sandoval
(graphic design)

The *Delegación* of Azcapotzalco, to the north of the Federal District of Mexico saw the stunning transformation, between 1978 and 1982, of one of the open spaces in the district; what was an large, flat, dusty wasteland was converted by the GDU (Urban Design Group) into the marvellous Tezozomoc Park. It is a new public space with extensive facilities and installations that plays a very relevant role in its setting, a densely populated area that was highly deficient in community and public spaces. The merit of the project is shown by the fact that it won the President's Design Excellence Award of the American Society of Landscape Architects.

The landscape workshop Grupo de Diseño Urbano was founded in 1977 by Mario Schjetnan Garduño, in partnership with José Luis Pérez Maldonado and Jorge Calvillo. It is a multidisciplinary team of professionals including Tomás Calvillo, Jorge Sandoval and Estela Tovar. The GDU has received international recognition for its designs integrating landscape, architecture and urban design. Their philosophy is based on transforming the environment, whether urban or rural, through a balanced creative process that takes into account the surroundings, and considering other factors, such as the local climate and culture, with the participation of the client or promoter.

Mario Schjetnan Garduño, a leading member of the studio, was born in Mexico in 1945. He graduated from the National Autonomous University of Mexico in Architecture in 1968 and obtained his master's in landscape architecture, in the specialty of Urban Design, from the Uni-

Bamboo, papyrus and weeping willows around the artificial lake.

Bambúes, papiros y sauces llorones bordean el lago artificial.

205

versity of California at Berkeley in 1970. Between 1972 and 1977 he worked as the director of urban and housing design for Infaonavit (National Institute for Workers' Housing). He was named *Loeb Fellow* by Harvard University for his advanced environmental studies. His academic activities have included the Universidad Iberoamericana, and the universities of Baja California, Arizona and Texas. His work has been published and acclaimed inside and outside Mexico.

Among the GDU's recent landscape architecture and recreation projects in Mexico are: the historical and archaeological park of Culhuacán, Mexico City (1 ha): the archaeological park Isla de Jaina, Campeche; the recreational, archaeological and botanical natural park of Xochimilco, Mexico City (267 ha); the golf courses at Malinalco (170 ha); and the Lagunas de Miralta (120 ha).

The 30-ha Tezozomoc Park occupies almost a complete city block, and it is bounded by the Las Armas, M. Salazar and Zempoaltecas Avenues and Calle Rosario. Its present landform is the result of using the earth removed in the construction of a metro line, although it was decided that none of the hillocks created would exceed 10 m in height. The basic intention is to offer a route showing the ecological and historical evolution of the Valley of Mexico in a simple, attractive way.

It is an important recreational area, and for this reason has been provided with an artificial lake, an open air auditorium, sports courts, a gymnasium area, a bicycle circuit and skating rink, several cafeterias, a children's play area, a large nursery for plants to reforest the Azcapotzalco area, and a rose garden, warehouses, offices and four parking areas. The internal communication between different areas is by means of a combination of winding paths and straight paths and promenades leading to elements like fountains or access squares, such as Tezozomoc Plaza.

The artificial lake is the park's main element. The water is recycled and comes from the El Rosario water treatment plant, and the same water is used to irrigate the park. A series of fountains maintain the water in constant circulation to prevent it becoming stagnant. The most attractive thing about this lake is its suggestiveness; it is a scale reproduction of the outline of the complex lake system in the Mexico valley at the end of the 16th century. We can see the island of Tenochtitlán, the Tenayuca-Ecatepec-Coacalco and Culhuacán-Iztapalapa peninsulas, the straits of Coyoacán-Culhuacán and of Ecatepec-Chiconautla, as well as the location of some of the former settlements, such as Chapultepec, Coyoacán, Tizapán, Xochimilco, Chalco and Texoco, among others.

The valley of Mexico also served to inspire the GDU when it created the topography of the Tezozomoc Park, which is an approximate reproduction of the structure of the surrounding mountains. This is the reason for the slight slope to the west, the bulk to the south that represents El Ajusco, hillocks representing the hills and volcanic slopes of the eastern Santa Catarina region, and the rises to the northeast representing the Guadalupe range. From the viewpoint on top of this rise, the highest point in the park, one can see the real mountains that inspired this relief.

This varied small-scale landform is at its most expressive in the very careful combination of trees and plants designed by GDU, a recreation of the original flora of the Mexico valley. Thirty types of eucalyptus and as many other tree species have been used. The paths and footpaths are bordered with *pyracantha*, and Mediterranean pines have been planted on the tops of the hillocks, while ailanthus, pirul and eucalyptus trees are used in the flat areas of the park. Linden trees and colorins alternate with palms and yuccas, contrasting with the roses and Japanese iris at the ac-

Square next to the boarding point, on the north shore of the lake.

One of the paths along the artificial lake, near the main cafeteria building.

Plaza junto al embarcadero, en la orilla norte del lago.

Uno de los caminos que bordean el lago artificial, en las inmediaciones de la construcción destinada a cafetería principal.

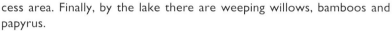

cess area. Finally, by the lake there are weeping willows, bamboos and papyrus.

The Tezozomoc Park is excitingly rich in colour, chiaroscuro, textures and reflections, and it encourages the visitor to imagine what is to be found further along the trail, by its use of apparently fortuitous perspectives. This a lesson in how to design a beautiful park that also completely fulfills its aim of improving the quality of life of this densely populated area of the capital of Mexico.

La Delegación Azcapotzalco, al norte del Distrito Federal azteca fue testigo entre 1978 y 1982 de la asombrosa transformación experimentada por uno de sus grandes solares, por entonces un inmenso páramo llano y seco, al convertirse por obra del estudio mexicano Grupo de Diseño Urbano (GDU) en el ejemplar Parque Tezozomoc. Se trata de un nuevo espacio urbano dotado de instalaciones y equipamientos que desempeña un papel particularmente relevante en su contexto, una zona densamente poblada y absolutamemte carente de espacios abiertos y comunitarios. El premio del Presidente a la excelencia en diseño, otorgado por la Sociedad Americana de Arquitectos Paisajistas en 1989, avala la calidad de este proyecto.

El taller de paisajismo Grupo de Diseño Urbano fue fundado en 1977 por Mario Schjetnan Garduño, asociado con José Luis Pérez Maldonado y Jorge Calvillo. Se trata de un equipo interdisciplinar de profesionales entre los que se encuentran Tomás Calvillo, Jorge Sandoval y Estela Tovar. El GDU está reconocido internacionalmente por sus realizaciones integradoras en los campos del paisajismo, la arquitectura y el diseño urbano. Su filosofía se basa en transformar el medio ambiente, rural o urbano, mediante un proceso creativo equililbrado; teniendo en cuenta el entorno y considerado otros factores como la cultura local o el clima, sin olvidar la participación del cliente o usuario.

The range of plants used, the relief and the presence of the artificial lake have completely changed the original wasteland.

The artificial lake is a scale model of the lake system in the Mexico valley at the end of the XVI century.

The relief around the lake is inspired by the topography of the Mexico valley.

A sculpture alluding to the first inhabitants of the Mexico valley.

The Tezozomoc Park plays an important role in its densely populated surroundings, formerly lacking in open spaces.

La variedad de especies, relieves, y la presencia del lago artificial, transformaron por completo el páramo originario.

El lago artificial reproduce en escala el perímetro del complejo lacustre del valle de México a finales del siglo XVI.

El relieve en torno al lago se inspira en la topografía del valle de México.

Escultura alusiva a los primeros pobladores del valle de México.

El Parque Tezozomoc cumple una importante función en su poblado entorno, con enormes carencias de espacios libres.

Mario Schjetnan Garduño, principal figura de este estudio, nace en México en 1945. Se gradúa en arquitectura pór la Universidad Nacional Autónoma de México en 1968 y realiza un *master* en arquitectura del paisaje, especializado en diseño urbano, en la Universidad de California, Berkeley, de 1968 a 1970. Entre 1972 y 1977 trabaja como director de diseño urbano y vivienda en el Instituto del Fondo Nacional de la Vivienda para los Trabajadores (Infonavit). Es becado *Loeb Fellow* por la Universidad de Harvard en Estudios Medioambientales Avanzados. Desarrolla labores académicas en la Universidad Iberoamericana y en las Universidades de Baja California, Arizona y Texas. Su obra ha sido publicada y premiada dentro y fuera de México.

Entre los proyectos mexicanos más recientes del GDU en el campo de la arquitectura del paisaje y de la recreación podemos citar: el parque histórico y arqueológico Culhuacán, Ciudad de México (1 Ha); el parque arqueológico Isla de Jaina, Campeche; el parque natural Xochimilco, recreativo, arqueológico y botánico, Ciudad de México (267 Ha); y los clubes de golf Malinalco (170 Ha) y Lagunas de Miralta (120 Ha).

Las treinta hectáreas del Parque Tezozomoc ocupan una manzana casi completa, enmarcada por las avenidas de Las Armas, M. Salazar y Zemapoaltecas, y la calle del Rosario. Su actual topografía deriva del empleo de tierras procedentes de las obras de construcción de una línea de metro, evitando que ninguna de las lomas creadas excediera los diez metros de altura. Su tema central es ofrecer un recorrido por la evolución histórica y ecológica del valle de México de manera sencilla y atractiva.

Como centro significativo de recreo, el Parque Tezozomoc cuenta con un lago artificial, un auditorio al aire libre, canchas deportivas, zona de gimnasia, una pista de bicicletas y otra de patinaje, varias cafeterías, zona de juegos infantiles, un gran vivero para la reforestación de la zona de Azcapotzalco, una rosaleda, almacenes, oficinas y cuatro áreas de estacionamiento. La comunicación interna entre las diferentes zonas se produce mediante una combinación de senderos serpenteantes, caminos y avenidas rectos, rematados con elementos como fuentes o accesos —éste es, por ejemplo, el caso de la Plaza Tezozomoc.

El lago artificial es el elemento central del parque. Sus aguas, recicladas, proceden de la planta de tratamiento de la unidad El Rosario, que también son empleadas en el regadío del recinto. Un conjunto de surtidores mantienen el agua en constante movimiento para evitar su estancamiento. El principal atractivo de este lago radica en su capacidad evocadora, al reproducir en escala la silueta original del complejo lacustre del valle de México hacia fines del siglo XVI, de tal modo que al recorrerlo podemos distinguir el islote de Tenochtitlán, las penínsulas de Tenayuca-Ecatepec-Coacalco y de Culhuacán-Iztapalapa, los estrechos de Coyoacán-Culhuacán y de Ecatepec-Chiconautla; además de la ubicación de algunos de los antiguos asentamientos ribereños, como Chapultepec, Coyoacán, Tizapán, Xochimilco, Chalco y Texoco, entre otros.

El valle de México también ha servido de inspiración al GDU para la recreación de la topografía en el Parque Tezozomoc, al reproducir aproximadamente el contorno de sus montañas. Es por ello que se observan ligeras pendientes a poniente, un macizo en dirección sur que recuerda El Ajusco, cimas que evocan los cerros y laderas volcánicos de la región oriental de Santa Catarina, así como crestas hacia el noreste que recordarían la Serranía de Guadalupe. Desde el mirador situado en esta última zona, en el punto más alto de todo el parque, se pueden contemplar las montañas reales en que estos relieves se inspiran.

Toda esta variada orografía en pequeña escala consigue su máxima

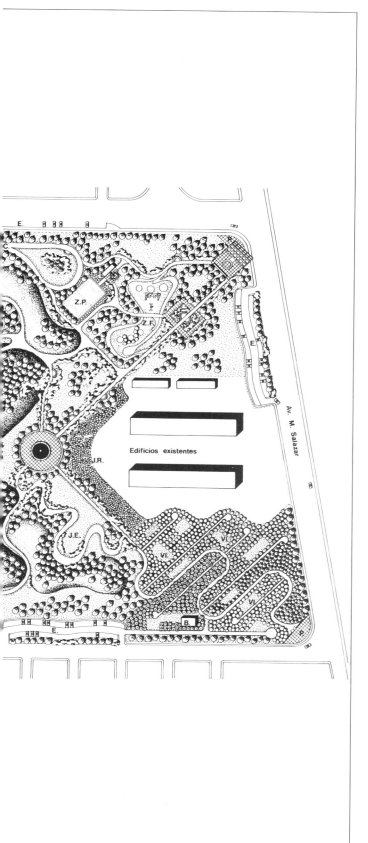

expresividad con la cuidada combinación de árboles y plantas diseñada por el GDU, que recrea la flora original del valle de México. Para ello se han empleado treinta clases de eucaliptos y otras tantas de otros árboles. Los piracantos bordean las veredas y caminos, y los pinos mediterráneos presiden las cumbres de las lomas, mientras que ailes, pirules y eucaliptos ocupan los llanos del parque. Los tilos y los colorines alternan con las palmeras y las yucas, en contraste con los rosales y los lirios japoneses de las zonas de acceso. Finalmente, junto al lago encontramos sauces llorones, bambúes y papiros.

El Parque Tezozomoc conmueve por su gran riqueza de colores, claroscuros, texturas y reflejos e invita al visitante a imaginar, en perspectivas aparentemente accidentales, lo que hallará más adelante en su recorrido. Es toda una lección actualizada sobre el diseño pintoresco de parques que ha cumplido ejemplarmente con el objetivo de mejorar la calidad de vida de este populoso distrito de la capital mexicana.

General plan of the recreational and cultural park.

Planta general del parque recreativo y cultural.

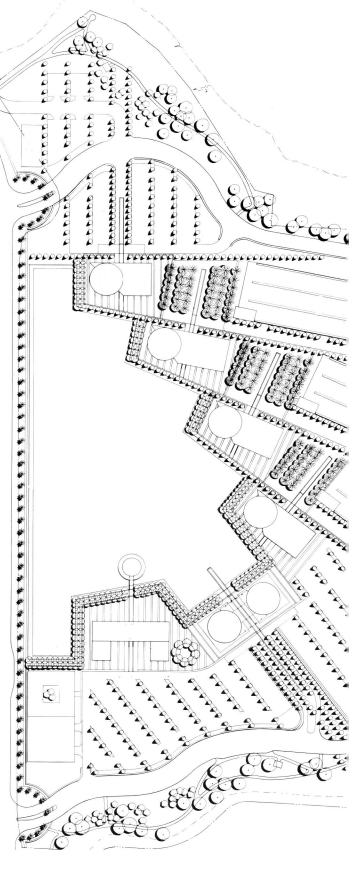

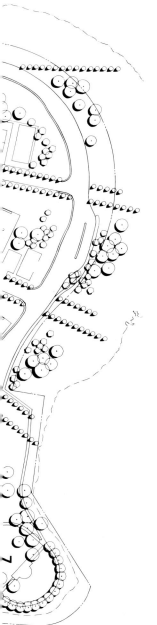

Centrum

Peter Walker & Partners

Completion date: 1989
Location: Redwood City, California, USA
Client/Promoter: William Wilson and Assoc., The Oracle Corporation
Collaborators: Gensler and Associates (architecture)

Centrum is a complex of buildings with different functions, surrounded by open spaces, and sited on an artificial peninsula on the western shore of San Francisco Bay. It is a large-scale scheme that houses office buildings, cafés, a promenade, a park, gardens, an amphitheatre, a hotel, a recreational centre and a day-care centre as well as the necessary access and parking infrastructure.

Peter Walker (Pasadena, USA, 1932) studied landscape architecture at the University of California at Berkeley, while he was working as a draughtsman and designer at Lawrence Halprin and Associates. He later studied at the University of Illinois, combining this activity with that of teaching assistant. He graduated in 1957 from the Harvard University Graduate School of Design. Following this he formed part of Sasaki, Walker Associates (later the SWA Group) in Watertown, Massachusetts. In 1959 he opened a company branch in San Francisco. He worked with Martha Schwartz from 1983 to 1989, and in 1990 he opened his own studio, Peter Walker and Partners. During his professional career he has worked with artists and architects as famous as J.L. Sert, Eero Saarinen and Alexander Calder. Among his recent works are the Marina Linear Park, the Institute for Advanced Biomedical Research, and All Saints Square in Concord. Burnett Park in Fort Worth, the Tanner Fountain in Cambridge and the Solana Park for IBM in Westlake and Southlake are other works of his that have won the American Landscape Architects Association Award, and these are only a small sample of his achievements.

The artificial stones are used against different backgrounds.

Master plan.

Las piedras artificiales se dibujan sobre diferentes telones de fondo.

Plano general.

He was an adjunct professor at Harvard Graduate School of Design, where he was acting director of the Urban Design Program for 1977, and where he continues to teach.

Before this plan was designed, there was a previous project to create a park surrounded by a ring road. An artificial lake to the south, from which lines of office buildings radiated, was to form the nerve centre of the peninsula. Before this plan was completed, the property was sold to William Wilson and Associates, and a new masterplan was drawn up. The broad lines of Peter Walker's new design have been, to some extent, conditioned by the previous scheme.

The Centrum scheme in Redwood City includes two different systems; an urban core along the side of an artificial lake, and a rural fringe that runs along the muddy coast of the bay. The two are connected by a large park crossed by radiating avenues of poplars. These avenues shape the notched outline of the artificial lake and provide pedestrian access from the lakefront to the park, as well as vehicle access from the ring road to the buildings' garages and parking lots. And most importantly, they also provide clear visual orientation in keeping with the scale of the project. The rest of the project is unified by means of sequences of promenades, gardens and plazas. The design of the office buildings and car parks was by the architects Gensler and Associates. The foundations of these buildings had to be constructed using very deep piling due to the low resistance of the soil.

The indented outline of the artificial lake is set against the canopies of the willow trees running along the lakefront promenade. At night the bollards along this willow walk turn into points of light reflected in the water. The open-air parking spaces are surrounded by Italian cypresses. The landscape elements, such as the curbs, stones, picnic tables, chairs, benches, dry stone walls and paths surfaced in decomposed granite are intended to shift as the ground gradually settles. Thousands of willow, poplar and Italian cypresses have been planted, due to their good growth even in damp, low-lying, saline soils.

The landscape becomes a stage where apparently contradictory functions, forms and expressions are reconciled. Pedestrians and vehicles share the same avenues. Sight lines are created, such as the one running along a double row of poplars with a band of iris, through a glass building to an unusual grass-covered pier jutting into the lake. The trees cross romantic parks. Each of the buildings is identified with its own exclusively designed garden. Architecture and landscaping fuse together; there is a dialogue between the two disciplines, the result of close collaboration between those responsible for the scheme.

Gardens using rock and stone make another appearance in Peter Walker's work, after the exceptional Tanner Fountain in Cambridge, Massachusetts. In this case they are not real stone, but glass fibre with a natural-look rough finish. Four hundred artificial stones are arranged in a grid, overlaying a raked gravel garden and moss bands. This creates a surprising contrast of effects that is always changing. At dusk, the stones glow with a jade green light and once night has fallen the impression created is of a field of emeralds. Another grid has been laid out with large artificial rocks rising among the tables and chairs of the terrace of a café. At night they glow with an incandescent light, giving them the appearance of red-hot volcanic coals.

The natural materials used in the project —sand, stone, trees, water— achieve grandeur due to the delicacy of the design concept. The artificial materials used, such as the glass fibre used for the stones, have

an unreal, magic feeling and are half way between the world of dreams and the ancient traditions of Japanese gardening. The Centrum project combines all these small details very well, in spite of its large scale, and this is its greatest merit. Peter Walker has again shown his great creative ability and his remarkable sensitivity in designing spaces.

Centrum es un complejo de edificios de diversa función, rodeados de espacios abiertos, y situado en una península artificial en la costa oeste de la bahía de San Francisco. Se trata de una intervención de gran escala que pretende alojar edificios de oficinas, cafés, paseos, parques, jardines, un anfiteatro, un hotel, un centro recreativo, una guardería, así como la infraestructura necesaria para posibilitar un fácil acceso y aparcamiento.

Peter Walker (Pasadena, EE UU, 1932) cursa estudios de paisajismo en la Universidad de California en Berkeley, al tiempo que toma contacto con el oficio, desempeñando diversos cometidos en el estudio de Lawrence Halprin and Associates. Amplía estudios en la Universidad de Illinois, al tiempo que ejerce en la misma como profesor asistente, y se licencia finalmente en 1957 por la Escuela Universitaria Graduada de Diseño de Harvard. Acto seguido pasa a formar parte de Sasaki, Walker Associates (posteriormente transformado en grupo SWA) en Watertown, Massachusetts. En 1959 funda una sucursal de la empresa en San Francisco. De 1983 a 1989 trabaja con Martha Schwartz y, a partir de 1990, establece su propio estudio: Peter Walker and Partners. Durante su vida profesional ha tenido ocasión de trabajar junto a profesionales del arte y de la arquitectura de la talla de Josep Lluís Sert, Eero Saarinen y Alexander Calder. De las últimas obras realizadas cabe destacar el parque lineal Marina, el Instituto de Investigación de Biomédica Avanzada y la plaza Todos los Santos en Concord. El parque Burnett en Fort Worth, la fuente Tanner en Cambridge y el parque Solana para IBM en Westlake and Southlake son otras obras destacadas que han sido distinguidas con premios de la Asociación Americana de Paisajistas, galardones que representan tan sólo una muestra de las distinciones que ha atesorado por su labor. Ha colaborado como docente auxiliar en diversas ocasiones en la Escuela Universitaria Graduada de Diseño de Harvard antes de convertirse en titular del Departamento de Paisajismo en 1977.

Previamente a esta intervención, existía un proyecto anterior que proponía la creación de un parque rodeado por un vía costera de circunvalación. Un lago artificial ubicado al sur se constituía en el centro neurálgico de la península y de él nacían líneas de edificios de oficinas dispuestos en forma radial. Antes de que se materializara dicho plan, la propiedad fue vendida a William Wilson Associates, procediéndose a la realización de un nuevo proyecto. Las líneas directrices de este nuevo

The avenues of poplars define the composition.

The large rocks appear to glow.

The landing stage with its grass covering.

Contrast between the Japanese gravel garden and the moss lawn.

The artificial stones glowing at night.

Las avenidas de chopos ordenan la composición.

Las grandes rocas se muestran en aparente incandescencia.

Los embarcaderos con su alfombra de césped.

El contraste entre el jardín japonés de gravilla y el manto de musgo.

Las piedras artificiales iluminadas en la oscuridad.

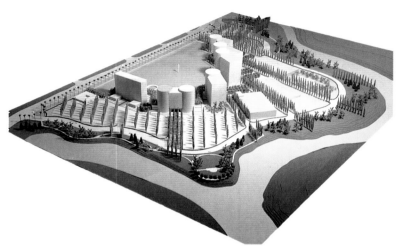

diseño de Peter Walker han estado hasta cierto punto condicionadas por el primero.

El proyecto Centrum en Redwood City gravita en torno a dos sistemas diferentes: un centro urbano en torno al lago artificial y una franja de carácter rural a lo largo de la costa cenagosa de la bahía. La conexión entre ellos tiene lugar mediante un gran parque surcado por avenidas de chopos dispuestas en abanico. Estas avenidas determinan el perfil escalonado del lago artificial; albergan el acceso peatonal desde el parque hasta dicho lago; proveen de acceso motorizado desde la vía de circunvalación a los aparcamientos y garajes de los edificios y, lo que es más importante, proporcionan una clara orientación visual, acorde con la escala de la intervención. El resto del proyecto se unifica por medio de secuencias jerárquicas de paseos, jardines y plazas. El diseño de los edificios de oficinas y aparcamientos ha correspondido a los arquitectos Gensler and Associates. La cimentación de estas construcciones ha debido realizarse mediante un pilotaje de gran profundidad debido a la poca resistencia del terreno.

El frente recortado del lago artificial se enmarca bajo las copas de los sauces que discurren a lo largo del paseo marítimo. Los norayes de este recorrido se convierten en puntos de luz nocturnos que se reflejan en el agua. Los aparcamientos al aire libre se disponen rodeados de cipreses italianos. Todos los elementos paisajísticos, encintados, piedras, mesas de pic-nic, asientos, bancos, muros aparejados en seco y senderos de guijarros de granito se adaptan perfectamente a los cambios de nivel del terreno. Se han plantado millares de ejemplares de sauces, chopos y cipre-

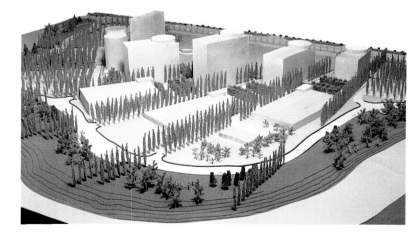

ses italianos, especies conocidas por su gran capacidad de desarrollo incluso en terrenos bajos, húmedos y salinos.

El paisaje se convierte en el escenario donde funciones, formas y expresiones aparentemente opuestas se reconcilian entre sí. Los peatones y los vehículos comparten las mismas avenidas. Se crean perspectivas como aquellas que jalonan unas hileras dobles de chopos y definen las plantaciones lineales de lirios, que acaba penetrando y atravesando un edificio de cristal, para desembocar en un curioso embarcadero cubierto de césped que se adentra en el lago. Las avenidas discurren entre parques de corte romántico. Cada uno de los edificios se identifica con un jardín propio de diseño exclusivo. La arquitectura y el paisajismo se interpenetran, existe un diálogo pacífico entre ambas disciplinas, fruto de la estrecha colaboración entre los responsables del proyecto.

Los jardines de piedras y rocas vuelven a hacer su aparición en la obra de Peter Walker tras su excepcional aparición en la Fuente Tanner en Cambridge, Massachusetts. En este caso no son auténticas, sino que están hechas de fibra de vidrio con un acabado tosco que imita a la naturaleza. Se ha dispuesto en cuadrícula un conjunto de cuatrocientas de estas piedras artificiales, a caballo entre un jardín de grava rastrillada y un manto de musgo. De esta forma se crea un contraste de efectos siempre sorprendentes. Al atardecer, estas piedras irradian una luz color verde jade, y en plena oscuridad se asemejan a un campo de esmeraldas. Se ha plantado otra cuadrícula de grandes rocas artificiales que surgen entre las mesas y los asientos de la terraza de un café. De noche adquieren una luz de aspecto incandescente que les confiere un aspecto de brasas volcánicas.

Los materiales naturales utilizados en la ejecución, como la arena, piedras, árboles, agua, adquieren grandeza gracias a la delicadeza con que está concebido el diseño. Los materiales artificiales, como la fibra de vidrio usada en la confección de las piedras, desprenden un carácter mágico e irreal, y se sitúan en un punto intermedio entre el mundo onírico y la antigua tradición de los jardines japoneses. El proyecto Centrum acierta a conjugar todos estos pequeños factores pese a la gran escala de la intervención, y es en este punto donde radica su mayor mérito. Peter Walker ha demostrado una vez más su gran capacidad creativa y su extrema sensibilidad a la hora de diseñar espacios.

The peninsula is surrounded by water.

The different buildings at the head of the sectors defined in the plan.

Access to the artificial lake from the pier between two buildings.

El agua rodea la península.

Los diversos edificios encabezan los sectores resultado de la ordenación.

Acceso al lago artificial del embarcadero entre dos edificios.

Jardines del Turia
Ricardo Bofill

Completion date: 1988
Location: Valencia, Spain
Client/Promoter: Valencia Council
Collaborators: Taller de Arquitectura

Ricardo Bofill's architectural work is characterised by its monumental approach. His most recent works are full of references to Greek and Roman antiquity, but they do not represent an empty, senseless neoclassicism. On the contrary, by providing a consistent alternative to modern rationalism, his works introduce important technical innovations into the recent architectural panorama.

Ricardo Bofill was born in Barcelona in 1939 and studied at the Geneva School of Architecture. In collaboration with a series of architects, engineers, sociologists and philosophers he laid the bases for what would later be the Taller de Arquitectura (Architecture Workshop). Since the beginning of the 1960s, when it received two first prizes for its plans for Les Halles, the former Baltard Market in Paris, the Taller de Arquitectura has acquired an international reputation. Since then Bofill and his multi-disciplinary team has performed a long list of projects and schemes in countries like Spain, France, Belgium, Sweden, Algeria, Japan and the United States. The Taller de Arquitectura now has offices in Barcelona, New York and Paris. Its work has received another long list of prizes, while many exhibitions and publications serve to show its international recognition.

Among Bofill's most recent works are the Barcelona Airport Extension, the National Palace of Congresses in Madrid, Les Espaces d'Abraxas in Marne-la-Vallée, Les Echelles du Baroque in Paris, the skyscraper on 300 North Lasalle in Chicago and the INEFC Building in Barcelona.

Olives and cypresses are basic elements of the Mediterranean landscape and serve as symbols of the classical past.

Los olivos y los cipreses, elementos fundamentales del paisaje mediterráneo, son símbolos indiscutibles del pasado clásico.

One of the most interesting landscape design projects performed by the team is the Jardines del Turia (the Turia Gardens). Preparing the proposal to create a green space in the dry bed of the River Turia required an exhaustive analysis that considered the river's former bed as an essential part of the city's collective memory, an entity that could structure the city.

The river used to flood the city quite regularly, and for this reason the river was diverted from its original course. The former river bed was abandoned, wounding the city centre and the memories of the inhabitants. They thought this unique situation could be used to create a single, strong landscape providing the city with a green artery, a garden space that would, at the same time, bring back the spirit of the river.

The result is a Mediterranean garden that is far removed from an Arabic garden or a French park. Where the capricious waters used to flow, there is now a mature garden reaching as far as the port that is geometric and where nature limits herself to emphasising the articulation of space. The water present in some key points reminds us of the river, while the underlying geometry defines the different areas, ordering the space and defining the paths. This geometry not only divides the space into sensible parts, but also defines the visual trajectory and direction of the paths, and this makes what was a dark, chaotic environment into an area that is luminous and harmonious. The composition's main axis structures the entire length of the site, with its most dramatic moments located where the bridges cross the site; this creates an almost surreal sensation as the bridges are now above the treetops. The linear structure underlying the entire area fractures into small-scale, complex geometries in order to arrange the detailed elements.

The Jardines del Turia are in fact an immense pinewood (nut pines) dotted with native trees such as cypresses, orange trees, palm trees, oaks and olive trees. By means of these different layers they introduce a symbolism inspired in the Roman idea of public space as a meeting point. The pinewood forms different areas, making a sequence of individual designs. The linear arrangement of the spaces, their use and treatment offer a whole range of things to discover; orange groves, an orchard, cultural and sports facilities, a botanical garden and large public spaces.

Inside the open spaces in the pinewood there is a dialogue between the open spaces and the empty ones. Different species of plant serve to mark the transition between the woodland and the interior gardens, and they define and emphasise the internal geometry of each garden sequence. The presence of water brings to life the collective memory of the river, as the water is not reduced to a simple line but is present in a variety of forms, each related to its site.

A lake located in the Huerta area, west of the city, marks the beginnings of the gardens. Downstream, between the San José and Trinidad Bridges and in front of the Serrano Towers, there is a space that represents the geometric centre of the landscape composition, and which serves, to some extent, as the city's forum. This is where people hold public activities of all types, such as fiestas, shows and concerts.

The Serranos Bridge is at the centre of this civic forum's design, made up of simple, symbolic and hierarchical geometrical forms. The area of the forum is articulated by three elements aligned with the main axis; a lake, a shade structure and a theatre-plaza.

To the west, the gardens do not reach the former mouth of the river, but deviate from the old river bed and lead to the port.

The materials used fit perfectly with the green areas.

Ancient structures have been used all along the project.

Partial view of the gardens showing the former river bed.

The classical inspiration that is typical of Bofill's work emphasises the essentially Mediterranean character of the Turia Gardens.

Columns frame the treescape in the background; olives, cypresses and pines.

Los materiales utilizados se integran perfectamente con las zonas verdes.

Estructuras antiguas han sido utilizadas a lo largo del proyecto.

Toma parcial de los jardines en la que se adivina el antiguo cauce del río.

La inspiración clasicista, típica de las obras de Bofill, subraya en este caso el carácter esencialmente mediterráneo de los Jardines del Turia.

Las columnas sirven de marco al paisaje arbóreo situado al fondo: olivos, cipreses y pinos.

El trabajo arquitectónico de Ricardo Bofill se caracteriza por un sentido acusado de la monumentalidad. Sus obras más recientes, llenas de referencias a la antigüedad grecorromana, no por ello se adscriben a un neoclasicismo huero, desprovisto de sentido. Todo lo contrario: aportando una consistente alternativa al racionalismo imperante, introducen de hecho importantes innovaciones técnicas en el panorama arquitectónico de estos últimos años.

Ricardo Bofill nació en Barcelona en 1939 y estudió en la Escuela de Arquitectura de Ginebra. En colaboración con una serie de arquitectos, ingenieros, sociólogos y filósofos, fundó en 1963 las bases de lo que había de constituirse más tarde en el Taller de Arquitectura. Desde los primeros años setenta, con la concesión de dos primeros premios para su proyecto de Les Halles, en el antiguo mercado de Baltard de París, el Taller de Arquitectura adquiría una proyección internacional que no cesaría de ir en aumento. A partir de entonces, Bofill y su equipo multidisciplinar han producido una exhaustiva lista de proyectos y realizaciones en países tan diversos como España, Francia, Bélgica, Suecia, Argelia, Japón y Estados Unidos. Hoy el Taller de Arquitectura tiene sedes en Barcelona, Nueva York y París, y son casi incontables los premios, exposiciones y publicaciones que dan buena muestra del reconocimiento internacional que ha merecido su trabajo.

Entre las obras más recientes de Bofill se cuentan la ampliación del aeropuerto de Barcelona, el Palacio Nacional de Congresos de Madrid, Les Espaces d'Abraxas en Marne-la-Vallée, Les Echelles du Baroque en París, el Auditorium de Metz, el rascacielos 300 North Lasalle en Chicago y el edificio del INEFC en Barcelona.

Una de las obras más interesantes de este equipo en el campo de la arquitectura del paisaje la constituyen los Jardines del Turia. La elaboración de una propuesta exigió un profundo análisis urbanístico que considerase el curso del río, parte y esencia de la memoria colectiva de la ciudad, como una unidad estructuradora del tejido urbano.

The geometry imposes itself on the buildings surrounding the gardens.

Detail of the vault of the building surrounding the gardens.

View of the internal side of the building.

View of the gardens from underneath the vault.

Geometry impregnates the Turia gardens, right down to the smallest details.

La geometría impone su dictado a los edificios que jalonan estos jardines.

Detalle de la bóvedad del edificio que rodea los jardines.

Vista de la parte interna del edificio.

Vista de los jardines desde debajo de la bóveda.

La geometría impregna el proyecto de los Jardines del Turia hasta en sus detalles más nimios.

Valencia, desde hace años, lamentaba la pérdida del Turia. Sus aguas, que inundaban periódicamente la ciudad, tuvieron que ser desviadas de su cauce original. El antiguo lecho del río se transformó en un terreno abandonado, causando una herida en el corazón del tejido urbano y en la memoria de sus habitantes. Entonces ¿qué podía hacerse? Dejar paso a los promotores para que inundasen de cemento el antiguo cauce o bien aprovechar esta situación única para crear un diseño de paisaje fuerte y a la vez unitario, riguroso en sus grandes líneas, y dotar a la ciudad de una arteria verde, un espacio ajardinado que le devolviera al mismo tiempo la esencia del río.

Esta última solución es la que se adoptó finalmente. El resultado es un jardín mediterráneo tan alejado de los jardines árabes como de los parques a la francesa. Donde antes corrían unas aguas demasiado caprichosas se extiende ahora hasta el puerto un jardín desarrollado geométricamente en el que la naturaleza se limita a a subrayar la articulación del espacio. La permanencia del agua en ciertos puntos clave recuerda la presencia del río, mientras que la geometría que impregna el conjunto define las distintas zonas, ordenando el espacio y los recorridos. Trazando las líneas directrices, la geometría no sólo divide el espacio en partes lógicas sino que también define la trayectoria visual y la dirección de los recorridos, convirtiendo un entorno oscuro y caótico en un ambiente claro y armonioso.

Un eje principal da jerarquía a la composición en toda su longitud, encontrando sus inflexiones en el cruce con los antiguos puentes, que dan una extraña sensación surreal al haber quedado por encima de la línea de los árboles. El trazado, estructura de soporte de todo el conjunto, se descompone en geometrías más complejas y de menor escala para componer así los elementos del detalle.

Los Jardines del Turia constituyen de hecho un inmenso pinar (pinos piñoneros) salpicado por diversos árboles autóctonos, como cipreses, naranjos, palmeras, encinas y olivos que, mediante distintas jerarquías de efecto, introducen un aspecto simbólico inspirado en la noción romana de espacio público como lugar de encuentro. El pinar forma recintos diferenciados que son como secuencias con su propio diseño. El encadenamiento de estos recintos, su utilización y su tratamiento ofrecen toda una serie de descubrimientos: naranjales, jardín de frutales, parques deportivo-culturales, jardín botánico y grandes espacios públicos.

En el interior de estos grandes claros en el bosque de pinos se establece un diálogo entre los espacios llenos y los vacíos. Otras especies vegetales, que marcan la transición entre el bosque y los jardines interiores, se encargan de definir y de acusar la geometría interior de cada secuencia de jardín.

The geometric layout serves as a basis for the entire project and breaks down into smaller-scale geometries to arrange the details.

El trazado geométrico, estructura de soporte del conjunto, se despieza en geometrías de menor escala para componer los detalles.

Un lago situado en la huerta, al oeste de la ciudad, marca el inicio de los jardines. Aguas abajo, entre los puentes de San José y de Trinidad y frente a las Torres de Serranos, un espacio que representa el centro geométrico de la composición del paisaje es, en cierto modo, el foro de la ciudad. En él se desarrollan manifestaciones colectivas de todo tipo, tales como fiestas, espectáculos y conciertos.

El Puente de Serranos es, a su vez, el centro de la composición de esta suerte de foro ciudadano de formas geométricas simples pero rotundas, simbólicas y jerarquizadas. El espacio del foro queda articulado por tres elementos en línea con su eje principal: un estanque, un umbráculo y una plaza-teatro. Por el oeste, los jardines no se prolongan hasta la antigua desembocadura del río sino que, desviándose de su cauce, buscan una conexión con el puerto.

Detail of one of the bridges over the former river and the linear palm trees.

The continued presence of water in some key points is a reminder of the river.

Detalle de uno de los antiguos puentes sobre el Turia y alineamiento de palmeras datileras.

La permanencia del agua en ciertos puntos clave recuerda la presencia del río.

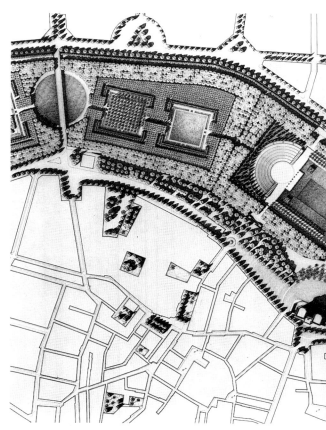

The elements inspired by Greece and Rome are in dialogue with the vegetation.

Partial plan showing the central area.

Los elementos de inspiración grecorromana crean un contundente diálogo con los elementos vegetales.

Plano parcial en el que se detalla la parte central.

Dr. Jac. P. Thijssepark

C. P. Broerse

Completion date: 1972
Location: Amstelveen, the Netherlands
Client/Promoter: Department of Public Parks and Green Areas of Amstelveen
Collaborators: Municipality of Amstelveen

The municipality of Amstelveen is close to Amsterdam and in an extensive area of marshlands, which is permanently waterlogged and with very low levels of mineral nutrients. Garden facilities in the area were very poor, because gardening is very difficult, but at the end of the 1930s this apparent inconvenience was interpreted, not as an excessively negative factor, but as an interesting challenge. The landscape architect C. P. Broerse dealt with this challenge by deciding to design a series of attractive parks inspired by the natural and seminatural landscapes of the area, and using the native plant species that lived in the special environment of peat bogs. One of the main guidelines for the design was ecological knowledge of the area. Starting from the mineral-poor soil, different habitats could be constructed where a wide range of plants could grow, plants that until then had never been used in a public park. However, Broerse's aim was not the mere imitation of nature, but the creative use of the natural environment —an especially attractive natural landscape, as can be seen in the paintings of Ruysdael and his contemporaries— and the remarkable beauty of its tree species.

The first *heempark*, or nature park, based on this remarkable approach was created in 1939 in De Braak, followed shortly afterwards by the first phase of the Jac. Thijssepark (1941) and other similar initiatives. The design of these *heemparks* incorporates winding paths through natural woodland areas with flowering verges, paths that run across rare moor vegetation. They run through an series of secluded spaces dominated by greenery and shade and which alternate with open spaces with

Riverside landscape near the Orchid Patch.

Paisaje ribereño en la zona de las orquídeas.

a panoramic view of water and sky. The design and creation of these parks are only the first two steps of a long process of development, leading over the years to the attractive *heempark*, or cultivated woodland. Unlike the traditional park, consisting of a variety of cultivated species that are intended to remain unchanged once they have been planted, the *heempark* is a dynamic process that is always changing, in accordance with the ecological succession that is taking place in this carefully controlled ecosystem.

C. P. Broerse was born in Serooskerke, the Netherlands, on September 18, 1902. In 1926, he was named head of the public parks department of Amstelveen, in his capacity as a landscape architect, a post he occupied until 1967. In the 1950s he was a member of the committee to replant Walcheren Island, after it was flooded in the Second World War, and he was also a member of the Preparatory Committee for the World Horticultural Exhibition, Floriade, in Rotterdam in 1960. Apart from the *heemparks*, his most important works include the Drakenstein Palace Park on Lake Vuurse, the then residence of Princess Beatrix (now queen of the Netherlands), the parkland surrounding the headquarters of the Dutch national airline, KLM, in Amstelveen, and the headquarters of the Van Leer company in the same city.

The last phase of the Jac. Thijssepark was completed in 1972, and it now occupies a total area of 5.3 ha. It is located on the edge of the town Amstelveen, on former wet pasture land on very badly drained peat soil. The park is long and thin; it forms a strip varying between 40 m and 100 m in width, which runs along the north, east and south edges of the recreational-sports district of Amstelveen. The special design of the park gives visitors the impression that they are walking through a much larger park, because the design consists of a series of small spaces with oblong ornamental ponds, some surrounded by thick vegetation and undergrowth, while others are in more open landscapes.

When choosing species for the park Broerse was inspired by the natural or seminatural landscapes of the area and their native plant communities. So the park's use of plants attaches great importance to trees such as alder, poplars, birches (*B. pendula*) willows and herbaceous plants like water mint, marsh forget-me-not, wild orchids, bulrushes and reeds, which thrive in these waterlogged and nutrient-poor environments.

The first attempt to colonise the original peat bogs with purely native communities was a total failure. The degree of artificiality introduced by the very design of the park encouraged the growth of undesirable plants at the cost of the more delicate native species, especially those that were becoming rare, even at the end of the 1930s. As a result of this experience, Broerse and his team decided to adopt an approach based on management, creating a green area apparently similar to the natural ecosystem, especially in terms of its flora and fauna, but which was in reality completely under human control. The idea was not that nature should follow her own course (a sure route to ecological and aesthetic impoverishment, given the artificial nature of the park's design) but that nature had to be managed in accordance with aesthetic and architectural criteria.

Even though it is an environment controlled by humans, it is not a traditional park but a *heempark*, or nature park; a type of park that requires special maintenance, using not only the traditional methods of small- and large-scale gardening, but also thorough knowledge of the area's ecology, a creative vision and specific practical experience. Even though design, execution and the creation of a maintenance team all came together in a single unified perspective, it was necessary to wait for sev-

Summer view.   Paisaje estival desde el camino de las
                                      hepáticas estrelladas.

Winter view from the Blueberry Path. Paisaje invernal desde el camino de los
                                      arándanos.

eral decades before a genuinely specialised group had formed, able to maintain the structure of the different *heemparks* in constant development; without this specialised maintenance the parks would have lacked continuity.

The successive development and preparation maintenance of the Jac. Thijssepark and the other parks in Amstelveen led to the creation of a new approach to the design of gardens and landscapes. It is based on the exclusive use of plants native to the area, combining a thorough knowledge of the ecology of these plants with an artistic, creative approach to landscape, which is considered as a dynamic phenomenon, in constant change.

In the first place, even before the creation of the De Braak park, the native plants had to be cultivated in order to propagate them artificially. Many of them had already become so rare in the wild that it was impossible to collect them in sufficient quantities. The process of propagation and introduction with native species improved greatly with time and there is now an important collection, derived from the small original collection of individual plants, making it possible to carry out all the introductions necessary for the complex ecosystems in the different *heemparks*.

Winter view.

Summer view of a fork in the Violet Path.

Bed of yellow flowers in the Honeysuckle Walk.

Paisaje invernal.

Paisaje invernal en una bifurcación del camino de las violetas.

Parterre de flores amarillas en el camino de las madreselvas (Lonicera periclymenum).

El municipio de Amstelveen, cercano a Amsterdam, está situado en una zona de extensas turberas, tierras perpetuamente inundadas y con una concentración muy baja en nutrientes minerales. El ajardinamiento de estas zonas era muy pobre, a todas luces una empresa difícil, y, sin embargo, ya a finales de los años treinta, este aparente inconveniente fue interpretado no tanto como una contrariedad excesiva sino como un interesante desafío. Enfrentado a este reto, el arquitecto paisajista C.P. Broerse decidió diseñar una serie de atractivos parques que hallaban su inspiración en los paisajes naturales y seminaturales de la zona, y en las especies vegetales nativas que poblaban el peculiar mundo de las turberas. Una de las principales pautas en su diseño había de ser el conocimiento ecológico de la zona. Con el suelo pobre en nutrientes como punto de partida, podían construirse distintos hábitats en los que habría de desarrollarse una gran diversidad de plantas que, hasta aquellas fechas, nunca habían sido utilizadas en un parque público. Pero el objetivo de Broerse no era tanto la imitación pura y simple de la naturaleza, como la utilización creativa del entorno natural —un paisaje natural de especial encanto, como bien saben los adeptos a la pintura de Ruysdael y sus contemporáneos— y de la belleza a veces insólita de las especies silvestres.

Con este especial espíritu, fue creado en 1939 el primero de los *heemparks*, el De Braak y, poco después, la primera fase del Jac. Thijsepark (1941) y otras iniciativas de similar carácter. El diseño de estos *heemparks* incorpora senderos curvos que discurren por arboledas naturales de floridos márgenes, por adustos páramos recubiertos de vegetación extraña y, en definitiva, por una alternancia de espacios intimistas, en los que domina el verde y la sombra, con otros, muy abiertos, en los que las perspectivas sobre el agua y el cielo dan una idea del infinito. Con todo, no sólo el diseño, sino también la concepción de estos parques no son más que los dos primeros pasos en una larga evolución que, al filo de los años, conduce a un atractivo *heempark*. Contrariamente al parque tradicional formado por un surtido de especies cultivadas que, una vez plantadas, no habrán de sufrir cambios sustanciales, el *heempark* es en esencia un proceso dinámico que, en virtud misma de las sucesiones florísticas que tienen lugar en este ecosistema cuidadosamente controlado, está sujeto a una transformación constante.

C.P. Broerse nació en Serooskerke, Holanda, en 1902. En 1926, en calidad de arquitecto paisajista, fue nombrado jefe del departamento de parques públicos del muncipio de Amstelveen, cargo que ocupó hasta 1967. Durante los años cincuenta fue miembro del Comité para la Replantación de la isla de Walcheren tras la inundación sufrida a consecuencia de la Segunda Guerra Mundial, y miembro del Comité para la Preparación de la Exhibición Mundial de Horticultura, Floriade, en Rotterdam (1960). Aparte de los ya mencionados *heemparks*, figuran entre sus más importantes proyectos el parque del Palacio Drakenstein, en el lago Vuurse, entonces residencia de la princesa Beatriz (hoy reina de Holanda), el parque de las oficinas principales de la compañía holandesa de aviación (KLM) en Amstelveen, y el de las oficinas principales de la empresa Van Leer en la misma ciudad.

La última fase del Jac. Thijssepark finalizó en 1972 y la superfice actualmente ocupada por el parque es de 5,3 Ha. Situado en el límite urbano de Amstelveen, en una antigua zona de pastos muy húmedos sobre un suelo de turba muy mal drenado, el parque tiene una forma alargada y estrecha: una franja cuya anchura varía entre unos 40 y unos 100 m, y que se extiende perimetralmente por los lados norte, este y sur del barrio deportivo recreativo de Amstelveen. Pero, a causa del especial diseño del

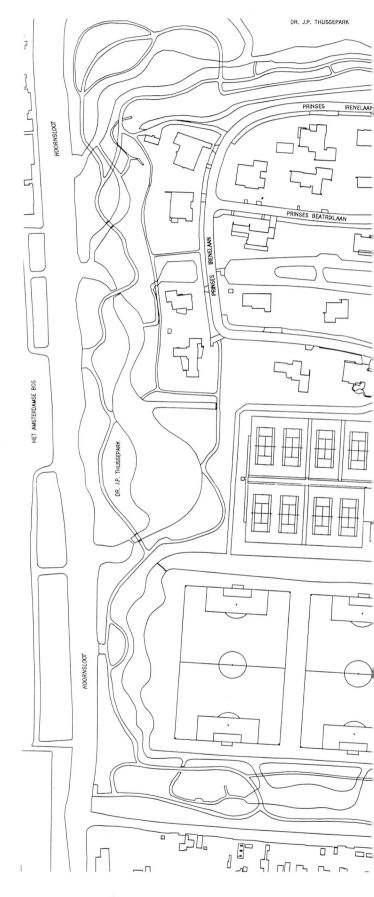

PRINSES MARGRIETLAAN

PRINS BERNHARDLAAN

PRINSES BEATRIXLAAN

PRINSES MARGRIETLAAN

LAAN

AMSTERDAMSEWEG

struken en bome

school   school

Master Plan   Plano general.

parque —una sucesión de pequeños espacios puntuados por estanques ornamentales de formas oblongas, enmarcados a veces por espesuras y sotos, otras por paisajes más abiertos—, los visitantes, cuyo camino discurre por sinuosos senderos, tienen la impresión de pasear por un parque muy extenso.

En la elección de las especies del parque, Broerse se inspiró en los paisajes naturales o seminaturales de la zona y en sus comunidades vegetales nativas. Y así, en la composición floral del parque juegan un papel muy importante plantas como los alisos, chopos, abedules (*B. pendula*), sauces o, a nivel del estrato herbáceo, la menta acuática, miosotis palustre, orquídeas silvestres, eneas, carrizos, que se encuentran a sus anchas en este tipo de ambientes saturados de humedad y pobres en nutrientes.

Sin embargo, el primer intento de colonizar las turberas originales con comunidades puramente nativas se saldó con un absoluto fracaso. La artificialización introducida en el diseño del parque fomentó el desarrollo de plantas indeseadas a expensas de las especies nativas más frágiles, especialmente de las que, ya hacia finales de los años treinta, comenzaban a ser raras. A resultas de ello, Broerse y su equipo decidieron adoptar un enfoque más dirigido, el de crear un espacio verde aparentemente similar al ecosistema natural —sobre todo por la coincidencia de sus especies no sólo vegetales sino también animales— pero en realidad completamente controlado por el hombre. No se trataba ya de dejar que la naturaleza siguiera su libre curso (un camino seguro hacia un empobrecimiento no sólo estético sino también ecológico, dada la artificialización añadida en el diseño del parque) sino que había que planificarla según un criterio arquitectónico y estético.

Pero, aún siendo un ambiente controlado por el hombre, el Jac. Thijssepark no es un parque tradicional sino un *heempark*: un tipo de parque que, para su especial mantenimiento, no sólo requiere el aporte de los tradicionales métodos de la jardinería intensiva y extensiva, sino también un conocimiento ecológico exhaustivo de la zona, una visión creativa y una experiencia práctica específica. Y aún cuando, desde el primer momento, el diseño, la realización y la puesta en marcha de un equipo de mantenimiento se combinaron en una perspectiva unificadora e integrada, hubieron de transcurrir varios decenios antes de que pudiera formarse un auténtico cuerpo especializado, capaz de mantener en constante evolución las estructuras de los distintos *heemparks* y sin el concurso del cual su continuidad no hubiera sido posible.

El desarrollo, puesta a punto y mantenimiento sucesivos del Jac. Thijssepark y de los otros parques de Amstelveen supuso la creación de una nueva línea en el diseño de jardines y paisajes. De un diseño en el que el material exclusivo de partida son las especies vegetales nativas y en el que a un conocimiento profundo de la ecología de estas plantas se suma deliberadamente una visión artística, creativa del paisaje, entendido éste en todo su dinamismo, en toda su capacidad de cambio.

En una primera instancia, antes incluso de la creación del De Braak, las plantas nativas tuvieron que ser cultivadas con vistas a su propagación artificial: muchas de ellas se habían vuelto ya tan raras que era imposible recolectarlas en la naturaleza en cantidades suficientes. El proceso de propagación y repoblación con especies nativas fue perfeccionándose con el tiempo y hoy en día existe una importante colección, desarrollada a partir de la pequeña y frágil original, que permite efectuar todas las repoblaciones necesarias en los complejos ecosistemas artificiales de los distintos *heemparks*.

Lakeside landscape in the area of the Blueberry Path and the Ivy Path.

Lakeside landscape near the veenbespad, *or Oxycoccus Path.*

View of the same pond.

Bed of white flowers near the Moss Dell.

Detail of the Heather Path.

Paisaje lacustre en la zona entre el camino de los arándanos y el camino de la hiedra.

Paisaje lacustre que se observa desde el camino de los Oxycoccus.

Vista del mismo estanque.

Parterre de flores blancas junto al mosdal.

Detalle del camino de los claveles (Dianthus deltoides).

Milton Keynes Park System

Landscape Town and Country

Completion date: 1993
Location: Milton Keynes, Great Britain
Client/Promoter: Milton Keynes Development Commission (MKDC) and
The Commission for the New Towns
Collaborators: MKDC Architects, Stuart Mossgrop (director) and Andrew
Mahaddie (designer); MKDC Engineering, John Napleton
(director)

Milton Keynes is the best known of the "new towns" planned and built in the United Kingdom; it is halfway between London and Birmingham and will have a final population of approximately 250,000 people. The town plan has included a complete system of parks and green spaces that occupies 1,800 ha. The overall development of Milton Keynes proceeded rapidly during the seventies and eighties. Attention was paid to the settings of buildings, local parks, city squares and boulevards, the interior of the great shopping complex and other developments, but the city landscape infrastructure was seen as being the most important aspect of this development. Proof of this lies in the fact that around a million trees and bushes are still being planted in the area every year.

The main authors of the landscaping of the entire city were Landscape Town and Country Limited, which was founded in 1988 by the team in charge of landscape planning for Milton Keynes. The main members of this professional team are: Neil Higson, the Managing Director, who graduated in Landscape Architecture from Reading University in 1958; Michael Usherwood, the Company Secretary, who obtained his Honour Diploma in Horticulture from the Royal Botanical Gardens, Edinburgh in 1968 and his Diploma in Landscape Design from the University of Newcastle in 1970; Steve Smith, Associate Director, who studied Horticulture at the

West end of park showing footbridge from City Centre, compass garden and round pond.

Extremo oeste del parque con el puente peatonal desde el City Centre, el jardín de la Brújula y el estanque redondo.

241

Royal Botanical Gardens, Kew, and obtained his Diploma in Landscape Architecture from Manchester Polytechnic in 1971; and Tony Southard, Special Projects Director, who obtained his Diploma in Architecture from Thames Polytechnic in London in 1961 and studied Landscape Architecture and Town Planning at University College, London.

Some examples of this company's varied work are: the new villages of Westmere, Tillingham Hall and Crow Green; the landscaping of large housing developments in Milton Keynes; the interior design of the Milton Keynes Business Exchange Winter Gardens and Milton Keynes Polytechnic; the residential gardens in Runcorn, Chester; and the passive solar gain housing development in Pennyland, Milton Keynes.

Four main elements can be distinguished in the overall park system in Milton Keynes. To begin with, an attempt was made to create a powerful landscape design image all along the grid of main roads that structure the city into approximately one-kilometre squares. This involved creating tree-covered mounds along the roads to act as sound barriers for adjacent residential areas, as well as planting trees along the roadsides.

The second objective was to transform the original agricultural landscape in the three river valleys forming the basis of the park system into an attractive landscape for the relaxation and active recreation of residents and visitors to Milton Keynes. The system adopted was based on a principle known as *strings, beads and settings*. The strings are the network of routes for walkers, cyclists and equestrians; the beads comprise a wide range of parks, play areas, recreational facilities and cafés. The setting of these beads in the strings comprises most of the parkland and is generally informal in character, with native tree plantations, lakes, streams, ponds and grazing land. This major parkland covers 1,800 ha, and in addition there is Campbell Park, described below, the central part with a more sophisticated design.

The third element of landscape design covers the quality detailing in civic areas such as the city centre, essentially based on a structure of tree-lined streets and avenues. Plane trees have been planted along the east-west boulevards, with horse chestnuts lining the north-south roads intersecting them. Polished granite was used in the hard detailing around the buildings, while at ground level bulbs and shrubs provide contrast and colour.

Fourthly, attention was paid to the environment of the housing areas and work places. The relatively fast development of much of Milton Keynes meant that special care had to be taken in the creation of *individuality of place* within the local landscape. The new housing areas lacked structure and legible routes to shops and work places. Architects and engineers collaborated on the structure planning to avoid the harshness usually associated with new residential developments in Great Britain.

District parks have been distinguished from local parks in the organisation of the system of open spaces in Milton Keynes. The former are traditional urban parks for an immediate catchment of up to 15,000 people. They may be within linear parks, as at Woughton, or separate from but linked to linear parks, as at Kents Hill. Local parks, on the other hand, provide valuable open spaces within predominantly residential areas and are important in creating a functional and visual focus within each community. Each grid square encloses an average of four local play areas — for children under eight years old — and one neighbourhood play area for children between eight and fourteen.

Campbell Park is the central park in the Milton Keynes park system. This is a major stimulus to the construction of high quality housing on its

Leisure paths along the woodland ridge.

Henry Moore's sculpture "Locking piece," beside the events plateau.

Terraces overlooking the new cricket pitch, with the woodland ridge beyond.

Senderos para pasear a lo largo de la cadena boscosa.

La escultura de Henry Moore, Locking Piece, junto a la explanada de eventos.

Terrazas que miran hacia el nuevo campo de cricket, con la cadena de montes al otro lado.

243

The stream valley on the north side of the belvedere forms the basis of the public garden.

Spring flowers spread from the pond to the plateau. City centre in the background.

El valle fluvial en la parte norte del belvedere forma las bases del jardín público.

Las flores se extienden desde el estanque hasta el llano. Al fondo, el City Centre.

perimeter, as happened with Central Park in New York. Its topographical richness and direct relationship with the rest of the park system give it a specific identity.

Although the general concept of Campbell Park has remained basically unchanged since the beginning of the project, the first designs (1972-1973) included a number of elements that have been left out due to lack of funding. These included an elegant 40-m glass tower, a mirror glass bridge to reflect the countryside, an interactive water carpet with fountains and a massive conical mound with a complex staircase and a cascade leading to a large circular pond. The plan was revised ten years later to include more realistic design, finance and management.

The revised plan for Campbell Park included five basic areas: upper, middle, lower, wooded ridge and valley. The upper area is nearest to the city centre and is a formal urban park located on a plateau partly consisting of spoil. It has flowers in a traditional garden setting with a turf labyrinth and hedge maze. The middle area is characterized by its downland landscape reflecting the qualities of the dramatic rural countryside to the southwest of Milton Keynes. The lower park takes advantage of the presence of the Grand Union Canal and some small hills. Overriding these zones is the woodland ridge, which is the backbone of the park, while the valley provides human-scale spaces that are more sheltered and comfortable.

The park is framed by treelined boulevards that extend from the city centre and provide access to development sites on its northern and southern edges. It is approached from the main shopping area of Milton Keynes via a granite-clad footbridge over Marlborough Street, a main road that is in a deep cutting at this point. From this connection, the park's path system irradiates to the plateau, the events area for fairs, circuses and outdoor recreation and a large pond with sheltered gardens. Beyond this a great earthwork forms a belvedere with views across the downland of the middle park and the main river valleys of the eastern part of Milton

General view.

Car parking on the south side of the woodland ridge is in small clearings.

Shelter hedges and formally arranged gardens beside the pond.

Vista general.

El estacionamiento de vehículos en la cara norte de las colinas boscosas se ubica en pequeños claros.

Setos protectores y jardines formalmente dispuestos junto al estanque.

Keynes. A beacon at the end of the belvedere is lit on ceremonial and traditional occasions, when large crowds are present.

The middle downland park and the woodland ridge combine to create a sense of countryside in the city. A network of leisure routes of varied scale and character crosses the area, including a ridge path with good views and woodland walks. A turf amphitheatre caters for drama and open-air concerts, and there are several large-scale sculptures on display in this area.

The valley area on the north side of the park is in the form of a series of richly planted hanging gardens focussed on a stream. This stream is partly edged in granite and partly follows a meandering course including ponds edged with waterside plants. This area is fenced and contains seating, covered shelters and several bridges in a popular, romantic style.

The main feature of the lower park is a cricket pitch, which required extensive earth shaping. This area is crossed by a main road which was not envisaged in the initial plan. To avoid splitting the park, the road is in a deep cutting with walling clothed in ivy.

The quality of hard and soft landscape detailing is very high in Campbell Park, which is named after the first Chairman of MKDC. It reflects the promoter's desire to make Campbell Park the crowning glory of the city's park system.

Milton Keynes es la más conocida de las últimas nuevas ciudades planificadas en Inglaterra, a medio camino entre Londres y Birmingham y con una población final estimada en los 250.000 habitantes. Su diseño urbanístico incluye un completo sistema de parques y zonas verdes que ocupa una extensión de 1.800 Ha. El desarrollo general de Milton Keynes ha sido rápido en los años setenta y ochenta. Las nuevas zonas urbanizadas, los parques locales, las plazas y bulevares, el interior del gran complejo comercial y otras intervenciones sectoriales se han considerado —junto con la infraestructura paisajística de la ciudad— como aspectos fundamentales para el desarrollo de la ciudad. Prueba de ello es que aún hoy continúan siendo plantados anualmente alrededor del millón de árboles y arbustos en la zona.

Los principales autores de todo el diseño paisajístico de la ciudad han sido la firma Landscape Town and Country Limited, fundada en 1988 por el equipo responsable del paisaje en Milton Keynes. Son componentes fundamentales de este equipo profesional: Neil Higson (director general), arquitecto paisajista por la Universidad de Reading (1958); Michael Usherwood (secretario de la dirección), diploma de honor en Horticultura por los Reales Jardines Botánicos de Edimburgo (1968) y diplomado en Diseño del Paisaje por la Universidad de Newcastle (1970); Steve Smith (director asociado), formado en Horticultura en los Jardines Botánicos Reales de Kew y arquitecto paisajista por la Politécnica de Manchester (1971) y Tony Southard (director de proyectos especiales), arquitecto por la Thames Polytechnic de Londres (1961) y formado en Urbanismo y Arquitectura del Paisaje en el University College de la misma ciudad.

De la diversificada producción de esta empresa citaremos los diseños urbanísticos para las nuevas poblaciónes rurales de Westmere, Tillingham Hall y Crow Green; el paisajismo de grandes urbanizaciones de Milton Keynes; el interiorismo en los Jardines de Invierno de la Bolsa de Negocios de Milton Keynes y la Politécnica de la misma ciudad; los jardines residenciales en Runcorn, Cheshire, y en la urbanización residencial Pennyland, Milton Keynes, para el aprovechamiento de la energía solar.

Willen Lake and the Japanese Peace Pagode

El lago Willen y la pagoda japonesa de la Paz.

En la estrategia aplicada al conjunto de zonas verdes de Milton Keynes pueden distinguirse cuatro elementos principales: en primer lugar, se pretende crear una imagen paisajística impactante a lo largo de la trama de carreteras principales que estructuran la ciudad en cuadrículas de aproximadamente un kilómetro de lado. Esto incluye la instalación de montículos y arbolado en los márgenes que actúan como barreras acústicas para las zonas residenciales adyacentes.

El siguiente objetivo era transformar el entorno agrícola original de los tres valles fluviales, base del sistema de parques, en un paisaje atractivo y especialmente diseñado para el reposo y el recreo activo de los ciudadanos de Milton Keynes y de sus visitantes. El sistema adoptado se basa en un principio denominado como de *cuerdas, cuentas y engastes*. Las *cuerdas* son las redes de caminos para peatones, ciclistas y jinetes; las *cuentas* designan un amplio espectro de zonas verdes, de juegos y equipamientos para el ocio. El engaste de las *cuentas* en las *cuerdas* constituye, en síntesis, el conjunto del parque, que tiene un carácter bastante informal, con masas de árboles autóctonos, lagos, arroyos, estanques y pastos. A este vasto conjunto de parques se añade una parte central de diseño más sofisticado, el denominado Parque Campbell.

El tercer elemento remarcable del diseño paisajístico son los acabados de calidad en espacios públicos como el centro urbano, basado fundamentalmente en una estructura de calles y avenidas arboladas. A lo largo de los bulevares este-oeste se han plantado plátanos y en las carreteras norte-sur que las intersectan, castaños de indias. Se emplea granito pulido en los espacios más duros, junto a los edificios, mientras que la nota de contraste y color la proporcionan los bulbos y arbustos perennes, plantados a ras de suelo.

En cuarto lugar, se presta atención al entorno de las zonas con edificios residenciales y del sector terciario. El desarrollo relativamente rápido de gran parte de Milton Keynes precisaba dar un tratamiento cuidadoso a los *lugares individualizados*. Las nuevas urbanizaciones carecían de estructuración y de rutas legibles hacia las zonas comerciales y de trabajo. Arquitectos e ingenieros cooperaron en el planeamiento estructural para evitar la dureza frecuentemente asociada a las nuevas urbanizaciones residenciales en Gran Bretaña.

En la jerarquía organizativa del sistema de espacios públicos de Milton Keynes se distinguen, por un lado, los parques de distrito y, por otro, los parques locales. Los primeros se entienden como parques urbanos tradicionales para un área de influencia de hasta 15.000 personas. Pueden ser parques lineales, como el Woughton, o separados pero conectados entre sí, como el Kents Hill. La misión de los parques locales es, por otro lado, facilitar espacios públicos de calidad dentro de zonas predominantemente residenciales, y son importantes en la creación de un foco visual y funcional dentro de cada comunidad concreta. Cada cuadrícula de carreteras encierra una media de cuatro zonas locales de juegos —para niños menores de ocho años— y una zona vecinal de juegos —para niños de entre ocho y catorce años.

El parque Campbell constituye el núcleo central del complejo de parques de Milton Keynes. Este parque se convierte en poderoso estímulo para la construcción de urbanizaciones de alta calidad en su perímetro, de manera semejante a lo ocurrido en el Central Park en Nueva York. Su rica topografía y relación directa con el resto del sistema de parques le confieren un carácter propio.

Aunque el concepto general del parque Campbell ha permanecido invariable desde su formulación inicial, los primeros diseños (1972-1973)

Traditional design also has a place in Milton Keynes, as in this bandstand.

Contemporary sculptures contrast with more classic architectural elements.

View of Milton Keynes' belvedere with the ceremonial beacon.

View of Willen Park Lake and the turf maze.

El diseño de corte más tradicional también tiene cabida en Milton Keynes, como en este quiosco de música.

Las esculturas contemporáneas contrastan con elementos arquitectónicos más clásicos.

Perspectiva del belvedere de Milton Keynes, con la antorcha ceremonial.

Lago de Willen Park y laberinto de hierba.

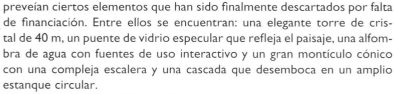

preveían ciertos elementos que han sido finalmente descartados por falta de financiación. Entre ellos se encuentran: una elegante torre de cristal de 40 m, un puente de vidrio especular que refleja el paisaje, una alfombra de agua con fuentes de uso interactivo y un gran montículo cónico con una compleja escalera y una cascada que desemboca en un amplio estanque circular.

El plan revisado del Parque Campbell prevé su división en cinco zonas básicas: superior, media, inferior, cadena forestal y valle. La zona superior, más cercana al centro de la ciudad, representa un parque urbano formal y está asentada sobre una meseta, en parte conseguida con materiales de desmonte. En ella se exhiben flores dentro de un jardín tradicional ornamentado con un laberinto vegetal y setos. La intermedia se caracteriza por un paisaje de lomas que refleja las cualidades del dramático paisaje rural del suroeste de Milton Keynes. El parque inferior aprovecha la presencia del canal Grand Union y de pequeños montes. Dominando estas zonas se encuentra una sierra cubierta de bosques, verdadera columna vertebral del parque, mientras que el valle proporciona espacios de escala humana, más íntimos y protegidos.

El marco de todo el recinto lo componen bulevares flanqueados de árboles que se extienden desde el centro de la ciudad y facilitan el acceso desde las urbanizaciones colindantes por el norte y por el sur. Desde el centro comercial de Milton Keynes se accede por un puente peatonal revestido de granito que cruza la calle Malborough, vía principal que queda encajada en una zanja en ese punto. Desde esta conexión irradia todo el sistema de senderos del parque, hacia la meseta, la zona de ferias, circos y entretenimiento al aire libre, un gran estanque y jardines recogidos. Más allá, un gran terraplén forma un belvedere con vistas sobre las lomas del parque central y los principales valles fluviales de la parte oriental de Milton Keynes. Un faro situado al final del belvedere se enciende en ocasiones ceremoniales en las que acoge grandes concentraciones de público.

El parque medio, con sus lomas, y la sierra boscosa se combinan para dar la sensación de campo dentro de la ciudad. Una red de senderos de escalas y caracteres diversos cruza el área e incluye un sendero en la sierra con buenas vistas y caminos forestales. En un anfiteatro de césped se ofrece música y teatro al aire libre, mientras que en diversos lugares de esta zona se exhiben esculturas de gran tamaño.

La zona del valle, en la cara norte del parque, adopta la forma de una serie de exuberantes jardines colgantes en torno a un arroyo que discurre en parte por un canal de bordes de granito y en parte como un serpenteante curso de agua con estanques, flanqueado por plantas de ribera. Ésta es un área vallada con asientos, lugares techados y un conjunto de puentes diseñados en un estilo que podría calificarse como de popular romántico. La parte inferior, con un campo de cricket, exigió significativos movi-

Aerial view of Milton Keynes city centre.

Children's play areas are divided into local play areas (one to eight years old) and neighbourhood play areas (eight to fourteen).

Sculptural elements contrast with the vegetation.

The clearly deteriorating original agricultural landscape has given way to a wide variety of parks.

Vista aérea del centro de Milton Keynes.

Las zonas de juegos infantiles se dividen en locales (de 1 a 8 años) y vecinales (de 8 a 14 años).

Los elementos escultóricos son un contrapunto a la vegetación.

El paisaje agrícola original, en franco deterioro, ha dado lugar a parques de diversa condición.

mientos de tierras para su definitiva configuración. Esta zona queda atravesada por una importante carretera, no prevista en el diseño inicial. Para evitar la interrupción del parque, ésta discurre aquí por una profunda zanja de muros cubiertos de hiedra.

La calidad paisajística general es muy alta en los detalles del parque Campbell —nombre dedicado a Lord Campbell, primer presidente de la corporación—, reflejando la preocupación de la sociedad promotora de Milton Keynes por hacer del Campbell Park la estrella del sistema de parques de la ciudad.

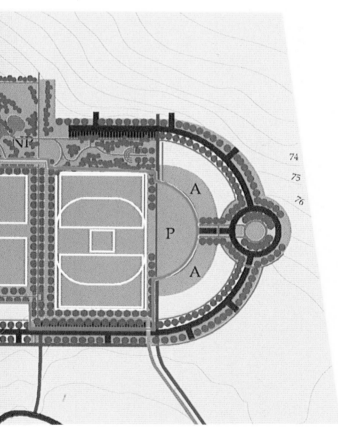

View of Willen Park.

General layout of the park in the Kents Hill district.

Panorámica del Willen Park.

Esquema general del parque del distrito de Kents Hill.